"Sou, como todos, marcada neste flanco
pelo susto da beleza, pelo terror da perda
e pela funda chaga dessa arte
em que pretendo segurar o mundo."

Lya Luft

a fúria da beleza

O 1º livro de adultos para colorir!

CIP-BRASIL. CATALOGAÇÃO-NA-FONTE
SINDICATO NACIONAL DOS EDITORES DE LIVROS, RJ.

L971f
8ª ed.
    Lucinda, Elisa, 1958-
    A fúria da beleza / Elisa Lucinda. – 8ª ed. – Rio de Janeiro : Record, 2025.
    ISBN 978-85-01-07574-1

    1. Poesia brasileira. I. Título.

06-1439.
                        CDD 869.91
                        CDU 821.134.3(81)-1

Copyright © 2006 by Elisa Lucinda

Texto revisado segundo o novo Acordo Ortográfico da Língua Portuguesa.

Direitos desta edição:
EDITORA RECORD LTDA.
Rua Argentina, 171 – Rio de Janeiro, RJ – 20921-380 – Tel.: (21) 2585-2000

Impresso no Brasil

ISBN 978-85-01-07574-1

Seja um leitor preferencial Record.
Cadastre-se e receba informações sobre
nossos lançamentos e nossas promoções.
Atendimento e venda direta ao leitor:
sac@record.com.br

EDITORA AFILIADA

Elisa Lucinda

a fúria da beleza

8ª EDIÇÃO

EDITORA RECORD
RIO DE JANEIRO • SÃO PAULO

2025

Motivos da gratidão

Toda agradecida sou e estou aos cúmplices deste caminho que desembocou na feitura de *A fúria da beleza*. Desejo-lhes, portanto, muitos encontros com ela e com suas variadas formas durante a vida e que, principalmente, possam desfrutar da emoção que nos vence quando estamos diante dela e sob o seu poder. Singela ou não, a beleza, infinita que é, faz a gente avorecer. Brindemos, pois, às belezas de:

Nélida Piñen, que encontrei tão linda na feira, realçando lírica entre as frutas e verduras, formando parte daquele bouquet, e que em belo bouquet me ofertou suas palavras-clareiras.

Paulinho Moska, poeta-cantor incansável do amor, que parou o trânsito e explodiu o rosa furioso do crepúsculo no céu da tarde de Ipanema; com sua bela voz soprada do coração pra dentro da gente e fez todo mundo chorar. Ainda me soprou palavras na orelha.

Geovana Pires, que, com a liberdade sincera de sua sensibilidade lapidada a versos, moldou comigo os rumos internos deste livro, discutindo seu roteiro, digitando os poemas que eu ditava, lendo-os pra mim pra que eu conferisse a melodia das pontuações, a harmonia das respirações conforme os sentidos. Geo inaugura para mim o advento da "assistência lírica".

Jorge Antônio Guimarães, querido assessor de transporte da melhor qualidade, que me conduziu pra lá e pra cá, alegre ou com dor, gerando estes originais que ele mesmo à editora levou.

Gláucia Batista, amiga, parceira, que por delicadeza postou o contrato de *A Fúria*, trazido por suas gentis mãos lá do reino de Itaúnas para o Rio de Janeiro, no meio do verão quente.

Valéria Falcão e Sandra Regina, cuidadoras domésticas do quartel-general, que administraram as poeiras e lavagens dos bastidores em meio à tormenta em que uma parte deste livro foi criada.

Papai Lino e mãe Divalda, meus irmãos Maria Cristina, Margarida Eugênia, Lino Antônio e José de Arimathéa, por termos provado todos daquela infância rica de quintal, ruas, comunidade, vizinhança, fofoca, solidariedade, decalques, cartolinas, papel de seda, papel almaço, tudo isso somado ao cheiro de papelaria e lápis de cor que exala desse dever de casa gostoso que bordo aqui.

Casinha de sonho de Itaúnas, casa bucólica do Jardim Botânico e o apartamento-casa da Sacopã, que me deram, cada um a seu modo, ninho e estofo pra exercer a convocação que a literatura me impõe.

Dias de sol e suas variadas iluminações sobre os quais corrigimos tantos poemas testemunhados pelo mar.

Dias de chuva que, ao molhar o telhado com sua música inspiradora, me levaram correndo à escrivaninha.

Reino de Itaúnas, poderoso vértice geográfico, inspirador cósmico de versos, ancoradouro de poetas, onde Deus ensaiou a feitura das tardes antes de repeti-las inéditas mundo afora.

Martinha Tristão e Cleuza de Itamar, por serem as vizinhas itaunenses, cada uma a seu estilo, que gargalharam e choraram comigo o ensaio-leitura dos rascunhos destes versos.

Juliano Gomes de Oliveira, referência ética, estética e amorosa de fruto na simplicidade exuberante, contemporânea e crítica do seu olhar.

Joana Carmo, por ter topado o risco no olho do furacão, e no meio da viagem, das turbulências, ajudou-me a seguir por estas linhas.

Marcos Lima, pérola do cancioneiro popular, compositor inspiradíssimo, tecido no próprio dom e craque em tirar música desses versos, nos consolidando parceiros eternos.

Adélia Prado, por me ensinar a podar a roseira no momento certo e a esperar biblicamente pela hora das coisas.

Manoel de Barros, por suas grandezas do ínfimo.

Mário Quintana, o único passarinho escrevente que conheci.

Tavinho Teixeira, poeta paraibano e universal, irmão das tardes, divertido cúmplice, parente de minha poesia no sotaque da irreverência.

Alunos da Escola Lucinda de Poesia Viva, que, através das belas lições que o ensinamento propõe pelas mãos dos outros poetas, me levam a um aperfeiçoamento da mão de obra e me reeducam no desamparo efêmero e eterno de estar aprendiz.

Público sincero, tiete, carente e impulsionante que, a cada encontro, me cobra, espera e deseja o próximo livro. Toma.

Ângela Leal, pelo palco-poema do Rival.

Maria Rezende, por ter dado referência de qualidade ao livro quando elegeu e percebeu a cara nova de minha poesia na feitura de "Boi tenho".

Joana Carmo, Rochele Beatriz e Patrícia Nascimento, que, cuidando do escritório Poesia Viva, zelaram com delicadeza para que esta *Fúria* viesse a público.

Cláudio Valente, pelo excelente disque-literogramática que ele é, além de leitor poético e sensível destes originais.

Ricardo Bravo, pelas muitas tardes em que deu voz a estes versos, brincando e lubrificando seus atos.

Amir Haddad, que leu "Boi tenho", tão lindo e de prima, como se ele mesmo houvesse composto o poema.

Maria-sem-vergonha rosa, nascida da pedra sob a fonte, a linda flor que dá em qualquer lugar, estação e temperatura, sem pudores e sem medo. Deu tanto que deu até inspiração para o nome deste livro.

Zix, pela lindeza de seu discurso nas telas de nossas conversas de amor e seus reveses, que tanto assunto deram a estas liras.

O amor, o velho, danado, conhecido e desconhecido amor que provou mais uma vez, como parece que o fará até o final dos meus dias, quem é que manda aqui.

Elisa Lucinda, outono luminoso na lagoa, 2006

a fúria de Elisa

Nélida Piñon

Elisa Lucinda tem a linguagem em chamas. O fogo da sua palavra criadora justifica-se porque a vida é arte e não há outro modo de acercar-se a ela, que arfa.

Intrépida, a sua poesia vence as camadas do real e apreende suas cascas e funduras com o ímpeto que Elisa empresta à sua visão. A tudo que a Poeta confessa e restaura.

Contundente, a mulher poeta perscruta, sem falso pudor, os temas candentes. Mas seu apuro estético, o cuidado com que preserva a atmosfera da arte, a impedem de invadir a qualquer pretexto o corpo alheio e o caldeirão da paixão. Mas, ao aproximar-se da genitália humana, que somos nós, suas insinuações são arrebatadoramente insensatas e delicadas.

Só casualmente, para o bem do poema, a Poeta ousa ser escatológica no capítulo amoroso. E é mister que o seja para *alcançar a medida do seu arrebato. E isto porque, não sendo rígido o seu estatuto criador, pois é plástico, captura as dobras e as fendas da realidade.*

A poesia sua reclama a verdade do verbo, que é a expressão do trânsito humano ao largo da tragédia moderna. Há, no entanto, em seus refrãos poéticos, o gosto intenso pela vida. É-lhe prazeroso falar do amor, expondo-se inteira. A ela e a quem ama e deseja. Assim, inclina-se, generosa, diante das contingências do cotidiano, sob que forma ele se apresente: vasos, flores, cheiros, corpo, o gozo, ouro, a humidade das coisas.

Eis uma Poeta que rege a poesia sob os auspícios da palavra soberana, com a qual afina o apetite humano. Qualquer porção sua, melancólica ou eufórica, abrange o todo.

É-me grato homenagear este belo livro, A Fúria da Beleza, que nasce da invenção e do talento da Poeta Elisa Lucinda.

Lagoa, 2 de abril de 2006

alguém me perguntou alguma coisa?

Uma hora a gente joga, outra hora é a vez da vida jogar.

É assim sempre. Mas, às vezes, a gente quer forçar a barra da vida, impor a ela nosso desejo, enquadrá-la à nossa pressa, determinar o seu tempo, ditar sozinho a ordem das cenas do grande roteiro. Acontece que a vida também é rio, é mar; está sujeita às correntezas, às luas, às tempestades, aos sóis, aos desígnios do vento e nos põe diante da sua verdade incontestável: flui. Ela flui. E nos cabe respeitar essa fluência. Por vezes é difícil aceitá-la. Então a literatura vem e ensaia a gente: quando este livro começou a nascer, seu embrião tinha outro nome, Caderno abóbora. Pretendia este ser um livro ensolarado, explodido de cores, matizes, com poemas nascidos de um caderninho laranja que tive, de onde só saía poema bom. Organizei-o nesta viagem, cuja estrutura se concentrava na variação deste tema-cor dentro do tecido poético. Como um fruto que amadurece e passa do tempo de colheita, o Caderno abóbora caiu na relva. Ficou lá, exposto às chuvas, às secas, a invernos, geadas, verões intermitentes e às minhas mudanças. Enquanto isso, saíam da mesma árvore, e na frente, livros para criança. O fruto ao cair partiu-se e, partindo, retornou ao estado de semente, misturando-se de novo à velha terra. Silêncio sobre esse nome.

Enquanto isso a fábrica de poema trabalhava dia e noite, sem parar, e quando pude me dedicar ao velho livro, cinco anos depois de sua ideia original, ele já era outro. É certo que não deixara de ser um livro de tons na sua ossatura onírica de cronos e cromos. Havia nele um espanto além das cores e havia também outros cadernos cheios de outros poemas que falavam ao meu coração além daquele caderninho fértil. Aos poucos A fúria da beleza, mero nome de poema, foi virando o nome de um capítulo do livro. Dei uma saidinha e quando voltei ele já era o nome do livro e havia tomado o poder. Caminhava desenvolto no escritório, nos banheiros, na sala, no quarto, na cozinha e me induzia, com força e doçura, a subjugar tudo a seu gosto e capricho.

Fui falar com o Conceito. Estava de costas pra mim, refestelado na cadeira, em seu trono de eixo.

— Conceito, eu estive pensando...

Pois antes que eu acabasse de falar, ele girou veloz na cadeira de diretor, ficou de frente pra mim e sua face já era outra. Era a face da Fúria da beleza.

Tarde demais, o nome já tinha tomado o conceito.

Fimdinverno, quase primavera no meu coração, 2005

Guia

I. A fúria da beleza   {17}

II. A identidade do mar   {49}

III. Amar-elo ouro   {71}

IV. Infinito poema   {107}

V. Primeiro desbotamento   {155}

VI. Segundo o desbotamento   {181}

VII. Vida-ateliê   {212}
(acabamentos e restaurações no barro da gente)

Índice   {268}

"Isto é talvez ridículo aos ouvidos
de quem, por não saber o que é olhar as coisas,
não compreende quem fala delas
com o modo de falar que reparar para elas ensina."

Alberto Caeiro

I

a fúria da beleza

{18}

antibélica

Fazia roupinhas de boneca, meu Deus,
tão linda que ela era!
Tão linda...
os vestidinhos, bem-feitos e muito bem acabadinhos
por dentro e por fora,
eram arte.
Eu disse: como você é linda
fazendo estas roupinhas de boneca! Linda!

Ela me olhou doce e, de dentro dos olhos
de seus sessenta e cinco anos,
saltou a menina de oito pra me dizer, singela:
é só tirar o modelo.
Senti amor pela senhora e pela pequena.
Ah, tem gente que é poema!

Feirinha de Petrópolis, 15 de agosto de 2004

Bandeira

Nesta tarde passa por mim um homem.
Este homem de mãos calejadas
e duras e grossas
paraibano
trabalhador
passa mulato e marrom por mim
com seus cabelos cacheados longos, mestiços
saindo molhados pelo buraco do boné.
Passa ele cheiroso que só
acabado de se banhar
e perfumado por cima.

Para onde vai?
Alguma mulher?
Era dia de pagamento?
Seguia pisando satisfeito
aquele homem operário da construção civil
dos civis do Leblon.
Passa e deixa um perfume bom.
Via-se que era um homem indo

ao encontro do sonho.
Tinha esperança nos ares dele.

Este homem
paraíba
masculino
operário
construtor
sonhador
esperançoso
trabalhador
brasileiro
e sem revólver
este homem
me comove.

Leblon de outono, 2003

Instrumento de peito

Hoje é dia dezoito de dezembro.
Termino o ano de trabalho cantando
no dia em que minha mãe completaria setenta e três anos.
Foi embora ela há dez anos.
A morte,
em sua inapelável lógica,
despótica, tirou-lhe o sopro a vida o som.
Lembro dela tocando piano,
cuidando das humanas plantas,
cozinhando e cantando,
tocando acordeom.

Essa imagem,
essa viagem de ela sentada
com aquele leque falante ao colo bom,
com aquele instrumento alegre e dramático,
aquela sanfona estética e mutante,
aquela estrutura delirante com madrepérolas de entremeio,
aquela poesia aberta ao seio,
em cujo corpo vermelho

se escancarava a melodia em palavra cantada,
em estrada,
em dia livre para o acontecer
de sua voz abençoada,
essa imagem mora comigo.

Minha mãe ao tocar aquilo,
aquela saia lírica,
não abria só o acordeom pra mim.
Abria sí,
el corazón para mí.

18 de dezembro de 2003

Canção para o rei

Lindo!
Com o cabelo trançado de agora,
depois de espantar motoristas de táxi preconceituosos,
medrosos estatísticos e outros podres poderes
com esse seu cabelo de lã, seu alarmoso e macio black-power,
sua sarapieira, de onde também nascem alguns lisos fios
sem ambiente no meio da cresparada,
mas que, ao longe, formam indivisível e, esperto e suave conjunto,
é ele na minha poesia de agora e de sempre e de outrora
o mais nobre e precioso assunto:
ele, vindo com seu olhar doce e macho,
seu nariz de mitologia grega,
sua sobrancelha eloquente,
sua boca perfeita e sábia demais,
ah... ele com sua paz de rapaz
do novo milênio,
seu discreto charme,
sua gentileza contumaz.
Ele, meu guerreiro calmo e contemporâneo,
meu romântico e espontâneo,

meu reservado pensador,
o sincero, calmo e sagaz,
ele se tornou o lindo anjo que já era em criança,
só que grande e com mais desejos e esperanças na bagagem.
Especial nas particularidades,
cidadão de raras altitudes,
espião de milimétricas atitudes,
cineasta da contemplação...
toda essência estava lá:
já no seu pote-menino,
no seu porte-potrinho,
no seu forte-xangozinho,
duende que sempre foi
das mais poéticas-crianças-perguntas!

Ele,
o cavaleiro do século vinte e um,
"cavaleiro de Jorge",
sua mais pungente canção de ninar,
que fez minha boca cantar sem cansar.

Ele,
o por inteiro,

o confiante,
o duvidoso,
o certeiro,
o investigador musical,
o cantor afinadíssimo de banheiro,
trilha sonora e silenciosa do real,
meu poema mais garboso,
minha vaidade-mico,
minha cara de pau!

(Não fosse eu
um estelionatário da
modéstia à parte e fosse eu poeta superior,
poeta verdadeiro de verdade,
que da mentira não deixasse vestígio,
confessaria,
diria que ele,
mais que meu príncipe,
é minha sorte.
Diria, sem rubores, que ele,
o Juliano,
é mais que meu prestígio;
confessaria,

diria que ele, meu Deus,
é meu filho!)

Madrugada calma, 22 de novembro de 2004

Meninos são José

a José Bidart Duarte Guimarães e a todas as crianças

Toda criança me arrebata.
Toda criança, por me olhar,
me arregaça as mangas do amor
e dele, desse amor,
morro de emoção.
Há nisso mais co que o fato
de criança ser igual a flor,
mais do que criança ser da vida
a metáfora das coisas
e seu verdadeiro valor.
Vejo José pousando sobre a casa,
as asas dele mudam o episódio lar.
Abraço o José em todo riso
e mesmo quando não o tenho no
colo todo o tempo...
evento de criança soprando a casa!

Eu fico com as pernas bambas
quando quem me aponta é uma criança.

José é Júlia, também Carolina, também Pedro, também
Clara, também Olívia, também Antônio, também Valentina,
também Lina, também João, também Luíza, também
Nicolau, também Juliano, Guilherme, Diogo, Jonas, Mayara,
Vinícius, Leon, Irene, Natássia...
José é todas as galáxias de meninos,
porque são só verdades,
belas verdades,
límpidas eternidades,
futuros mundos.
Belas!
Tenho vontade de defendê-las
das injustiças dos ditos maiores,
dos esticados que,
aprisionados,
querem aprisionar.
Por todo o sempre e agora,
toda criança quando chora,
respondo: que foi?
Quem não te tratou direito?
(Toda criança quando chora
acho que me diz respeito.)

Quero as palavras delas,
a nitidez sublime das conversas
delirantes e sábias,
quero os descobrimentos que trazem
em sua transparência natural!
José voa na casa e eu pulso
no ventre como uma grávida perene, meu Deus,
todo filho do mundo
é um pouco filho meu!

Como me amolece o coração
barulho-som de grito de infância
no colégio de manhã!
Como é para o meu frio, lá,
uma mãozinha pequenina
dizendo pra mim dos caminhos...,
elazinha dentro da minha,
como o dia carregando a noite e seu luar,
e aquela vozinha sem gastar,
me pedindo com carinho e desamparo:
me leva lá?

Não mimem crianças em vez de amá-las,
para não adoecê-las,
para não encouraçá-las!
Não oprimam crianças na minha frente,
vou interferir, vocês vão se danar,
vou escancarar!
Não usem criança na minha presença,
tomarei o partido delas,
não terão minha parcimônia,
não vou compactuar!
Não cunhem nelas a tirania,
eu vou denunciar!

Sou maternal de universo,
mil crianças caminham comigo!
Sou árvore cuja semente
se chama umbigo.
Ai... toda criança
quando grita mamãe,
respondo: que foi?
(Acho que é comigo!)

Brasília, 10 de julho de 1998

O Impronunciável

Na minha infância havia flores e frutas fáceis
que são hoje raríssimas.
Roseira e goiabeira no quintal
eram uma coisa normal.
Veludo era uma flor linda meio maravilha,
uma flor levemente peludinha,
uma palavra rosa-fúcsia
ou ainda púrpura como queira
a subjetividade do olho que der nome a essa cor.
Veludo era uma planta chique, eu achava,
e sei lá de que família.
Tinha *Onze-horas*, uma florzinha rosinha-roxeada
que abria só por essa hora,
mulherezinhas que fechavam de noite
e abriam de dia.
E *Dália*, meu Deus?
Se eu não disser *Dália*
parece que ela desaparece,
parece que a flor nunca mais existirá,
nunca mais será encontrada.

Dália, pra quem não conhece,
como é que me cabe explicar?
Difícil explicar flor.
Descrevê-la, conceituá-la cor pétalas
e caule com seus merecimentos.
Araçá também sumiu.
Uma frutinha pequena, prima da goiaba,
parecida com, mas diferente de.
E *Amora*? Uns cachinhos delicadíssimos
que a gente, quando vê no rótulo das geleias,
se não conheceu ao vivo,
fica pensando que a gravura é de algum importado
de um país da ficção
frio e longe, um país que nem se sabe pronunciar o nome.
Na minha memória de olfato e imagem
habitam essas cores,
esse colorido ciclone.
Meu Deus, se eu não disser *Dália*
a palavra morrerá na minha mão,
a palavra morrerá na minha boca.
Dália!
Ai de mim, *Dália* não é palavra, é jardim.

{33}

Maio abril com seus cajás

O vento dá maio aos meus desejos,
diz maio em meus ouvidos,
beija o segredo das orelhas descobertas
(orelhas não, "zurebas", meu filho, pequeno ainda, dizia assim)
zurebas outonadas acompanham-me até a estação mais próxima.

Ó meu bonde vento, meu trem,
diz-me por que seu maio é tão lento e nítido,
tão clarioso de luz?
E por que todos os poetas se rendem à tentação de recontá-lo?

Como a resposta estava na pergunta,
o vento parou de súbito de soprar,
pra não me dar confiança.

Abril de 1999

Vestido gaúcho

Um azul infinito emendado
ao verde do chão.
A terra também é infinita
quando amada
plantada
cuidada
concebida.
O vestido chique,
todo barrado de árvores na bainha certa das planícies,
fazia da estrada uma verdadeira noiva pra mim,
a grinalda de um poema.
Dessa maneira estou no altar,
ornada desse amor e desse carinho.
Ah, Porto Alegre-Pelotas,
sou devota desse caminho.

Outubro de 1998

Ele

Já começa a beijar meu pescoço
com sua boca meio gelada meio doce,
já começa a abrir-me seus braços
como se meu namorado fosse,
já começa a beijar minha mão,
a morder-me devagar os dedos,
já começa a afugentar-me os medos
e a dar cetim de pijama aos meus segredos.
Todo ano é assim:
vem ele com seus cajás, suas oferendas, suas quaresmeiras,
vem ele disposto a quebrar meus galhos
e a varrer minhas folhas secas.
Já começa a soprar minha nuca
com sua temperatura de macho,
já começa a acender meu facho
e dar frescor às minhas clareiras.
Já vem ele chegando com sua luz sem fronteiras,
seu discurso sedutor de renovação,
suas palavras coloridas,
e eu estou na sua mão.

Todo ano é assim:
mancomunado com o vento, seu moleque de recados,
esse meu amante sedento alvoroça-me os cabelos,
levanta-me a saia, beija meus pés,
lábios frios e língua quente,
calça minhas meias delicadamente
e muda a seu gosto a moda de minhas gavetas!

É ele agora o dono de meus cadernos, meu verso, minha tela,
meu jogo e minhas varetas.
Parece Deus, posto que está no céu, na terra,
nas inúmeras paisagens,
na nitidez dos dias, no arcabouço da poesia,
dentro e fora dos meus vestidos,
na minha cama, nos meus sentidos.

Todo ano é assim:
já começa a me amar esse atrevido,
meu charmoso cavalheiro, o belo Outono,
meu preferido.

4 de maio de 2003

Vaidade

À tarde que me seduz,
o parado sonso do vento
nas árvores, estátuas de verde,
prateadas por um só fio fino filete de luz,
rendida estou e
sou dela refém.
Transito em seu planeta.
Levito parada feito a paisagem.
É que eu também dela sou paisagem,
e faço agora, de cabeça,
versos que só escrevi depois.

Há muitos anos a tarde me sequestra, ora pois!
Há inúmeras cigarras esta orquestra me detém e liberta!
Sob seu sovaco me leva,
sou seu pão.

O que ninguém sabia até então,
nem eu,
é que este pão,

o famoso gostoso pão da tarde,
o das tardes frias,
o das tardes quietas,
o das tardes quentes e
o das tardes inquietas,
é feito da carne do trigo do olhar do poeta.

Tarde da casa do Jardim Botânico ao pé da mata, 22 de novembro de 2004

Boa-tarde, amor

É melhor não mexer com essa dor...
parece tolice o que você me disse
mas me machucou.
Parece besteira, mas dá uma tristeza
gastar esta tarde sem gestos de amor.
É melhor não mexer com essa dor!
Com o céu azul assim no estampado,
com as matas rompendo concreto com seu rendado,
em meio à cidade do sonho e do vício,
do trânsito do edifício, não acho difícil
a gente reparar — na beleza
a gente achar — a beleza
a gente eleger — a beleza
a gente ficar — na beleza,
pra gente mirar.
Então, por favor,
é melhor não mexer com essa dor!
Parece descaso mas é um estrago
passar essa tarde mexendo no horror.
Parece loucura mas é uma tortura

matar essa tarde lembrando o terror.
É melhor não mexer com essa dor!
Com o dia rolando assim lindo e calado,
com as notas musicais de um teclado,
em meio à cidade do ofício e do riso,
do afeto e do lixo, não acho difícil
a gente pescar — a beleza
a gente sacar — a beleza
a gente firmar — na beleza
a gente espiar — a beleza
a gente se amar — na beleza,
pra gente gozar.
Então, por favor,
é melhor não mexer com essa dor!
Parece mentira mas dá ziquizira
roer esta tarde com ódio e bolor.
Parece bobagem mas é sacanagem
perder esta tarde brindando o rancor.
É melhor não mexer com essa dor,
que a tarde é linda, que a tarde é boa
e, antes que seja tarde, boa tarde, amor!

Tarde ensolarada de agosto de 2003, caminhando e cantando na Lagoa.

Pela beleza daquela tarde

Meu homem, meu homem,
teu nome é a fronha do meu travesseiro.
Meu sonho de consumo
é te ter livre ao meu lado
e ser livre ao lado teu.

A tarde em que tudo degringolou
não chega aos pés
da tarde que nos encontrou.

Verão frio, 2005

Reza forte

Deus salve as belezas corajosas!
Elas esparramam na atitude e
no seu jeito explícito
o seu Van Gogh.
Estilhaçam de pinceladas a tela da vida,
pintam ousadas, como um Dalí enlouquecido,
seu teor, seu clamor, seu alarido.

Deus salve as belezas corajosas
e proteja o coração de seus vencidos.

22 de novembro de 2004

Poesia

A folha se exibe pra mim.
Me diz sou verde, no movimento.
Se espreguiça a ponto de eu avistar sua intimidade,
a clorofila das axilas.
A folha se exibe lisa,
lustrosa pra mim na janela.
Eu sei o que isso quer dizer:
a folha quer que eu escreva ela.

26 de março de 2002

a fúria da beleza

Estupidamente bela
a beleza dessa maria-sem-vergonha rosa
soca meu peito esta manhã!
Estupendamente funda,
a beleza, quando é linda demais,
dá uma imagem feita só de sensações,
de modo que, apesar de não se ter a consciência desse todo,
naquele instante não nos falta nada.
É um pá. Um tapa. Um golpe.
Um bote que nos paralisa, organiza,
dispersa, conecta e completa!
Estonteantemente linda
a beleza doeu profundo no peito essa manhã.
Doeu tanto que eu dei de chorar,
por causa de uma flor comum e misteriosa do caminho.
Uma delicada flor ordinária,
brotada da trivialidade do mato,
nascida do varejo da natureza,
me deu espanto!
Me tirou a roupa, o rumo, o prumo

e me pôs a mesa...
é a porrada da beleza!
Eu dei de chorar de uma alegria funda,
quase tristeza.

Acontece às vezes e não avisa.
A coisa estarrece e abre-se um portal.
É uma dobradura do real, uma dimensão dele,
uma mágica à queima-roupa sem truque nenhum.
Porque é real.
Doeu a flor em mim tanto e com tanta força
que eu dei de soluçar!
O esplendor do que vi era pancada,
era baque e era bonito demais!

Penso, às vezes, que vivo para esse momento
indefinível, sagrado, material, cósmico,
quase molecular.
Posto que é mistério,
descrevê-lo exato perambula ermo
dentro da palavra impronunciável.
Sei que é dessa flechada de luz
que nasce o acontecimento poético.

Poesia é quando a iluminação zureta,
bela e furiosa desse espanto
se transforma em palavra!
A florzinha distraída
existindo singela na rua paralelepípeda esta manhã,
doeu profundo como se passasse do ponto.
Como aquele ponto do gozo,
como aquele ápice do prazer
que a gente pensa que vai até morrer!
Como aquele máximo indivisível,
que, de tão bom, é bom de doer,
aquele momento em que a gente pede *para*
querendo e não podendo mais querer,
porque mais do que aquilo
não se aguenta mais,
sabe como é?

Violenta, às vezes, de tão bela, a beleza é!

Noite clara, 8 de abril de 2003

"Deus ao mar o perigo e o abismo deu,
mas nele é que espelhou o céu."

Fernando Pessoa

II

a identidade do mar

Diga-me com quem ondas

O mar é meu companheiro.
Desde a mais tenra infância
seu murmurar me aconselha e consola.
Elegante impecável cancioneiro
ainda que nada em seu momento me doa
o mar me acolhe.
Mesmo assim ainda assim e desse modo assim
me dá sustento limite dimensão
ostras pérolas peixes e palpites.

Quando ele toca sua música
que eu sempre pego já começada
eu só quero é a onda dele
seu suntuoso e simples princípio maleável
e mais nada!

Mediterrâneo, 7 de julho de 2004

Carta ao meu adão

Ó amado,
preciso te ver todas a manhãs,
caminhando ou de bicicleta
vou te ver (eu vou
escondida do rei).
Te busco peregrina,
é dia claro,
eu, sem burca,
me revelo,
embora saia disfarçada,
vestida das roupas que tirarei
diante do teu olhar imperador, ó inominável!

Caminho à tua beira e tuas súditas águas
se esparramam, se apressam em apagar meus passos,
meus vestígios de mulher *traicionera*.
Poemas de amor por ti?
Muitos.
Pensamentos de loucura, lascívia e luxúria?
Incontáveis.

Amo a tua bravura,
a estrutura doce do teu sal,
amo tua doçura insuspeitável.
De minha janela me chamas,
lindo, um príncipe azul de lindo és
quando assim me procuras.
Adão dessa cor e de seus matizes,
tu, meu amante espalhafatoso,
imponente e importante,
és aquele que me dizes
o que sou, pra onde vou, quem eu sou e o que posso!

Ó Zeus do maleável,
idealizador da tolerância,
fundador da serenidade,
justificador das tormentas,
explicador dos afogados,
és tu quem me tentas!
Não só te amo, é mais que isso,
transbordo!
Sem ir ao teu fundo, por medo, humildade e respeito,
ainda assim sou tua e tu inundas meu fundo.
Eu deixo, eu deixo...

(Quando era pequena minha calcinha de biquíni ficava
cheia de areia e eu nem ligava,
mas hoje essa imagem expõe a natureza do nosso negócio.)

Te venero,
rei dos meus princípios,
conselheiro de minhas vontades,
tutor das possibilidades dos limites do meu juízo,
te preciso todas as manhãs.
Nesses quarenta dias longe de minha terra,
fui ao teu encontro sorrateira e indiscutível,
como uma mulher busca o seu homem,
como uma puta o seu cliente mais assíduo,
como uma dama o seu cavalheiro,
como uma galinha o seu galo,
uma fêmea o seu macho parceiro!

Pois bem,
amanhã acordarei com o sol e irei ao nosso encontro
aqui derradeiro.
Tu, ó misterioso senhor,
estarás, contudo, em outra parte,
na costa de minha pátria já a me esperar sob os barcos,

e invadirás certamente algum convés a me buscar,
ó infinito persistente e uno que és!
Eu amanhã me despeço aqui de ti
pra dizer que estarei sempre a teus pés,
com os meus pés,
estes mesmos pés a quem primeiro beijas,
antes de visitares todo o meu corpo,
a quem primeiro tocas,
antes de levar-me ao topo,
a quem primeiro batizas,
antes de eu chamar-te louco, desvairado amante,
tresloucado céu invertido,
meu deus,
meu pai,
meu amigo,
meu par!

Gracias pelos versos, por estes versos,
por teres me dado
equilíbrio, liberdade, abrigo e lar,
gracias por te amar, ó Mar!

Praia de Mar Bella, Mediterrâneo, Espanha, 19 de julho de 2004

às dunas

Caminho para as dunas.
Viajo caminhante sobre as rodas de minha bicicleta.
Duas meninas, digo, duas moças brancas de longe vejo:
se comparam nos bronzeamentos alinhando um braço ao outro.
Paralelas, competem ludicamente os tons.
Vinham do sol.
Só que uma era bege e a outra era rosa.
Então, cruzamos, e eu,
ainda indo para o mesmo sol,
passava marrom pelas duas.
Os olhos delas se calaram diante da visão sem argumentos.
O silêncio ensurdecedor disse, conselheiro,
para minha vaidade: *sossega!*

Depois vejo uma menina adolescente com uma tatuagem bonita
no meio das costas entre as asas.
Porém, por se julgar gorda,
encobre o resto, maior parte do corpo, com a largueza do vestido.
Reparo.
Cada um carrega o seu tormento.

Mas não está nem aí para isso no entanto
a paisagem de Itaúnas.
O sol iluminando areias e um preto preto bonito
que passa preto
contrastando
correndo bonito preto sobre elas.

Agora a visagem:
a estupenda miragem linda
de todo dia e diferente.
A montanha das dunas, as cabanas, os coqueiros e
no fundo de tudo, ele.
Ele,
o mar.

Por motivo de peixe, batismo e nascimento
volto sempre a ele.
De pé
mas de quatro,
como cabe à nobreza das gentes.

Cada dia é,
cada hora é
um mar diferente.

Itaúnas

Camelô dos mares

Cato pedras nas areias do Mediterrâneo...
é uma loucura!
Matizes, variações de imagens esculturais,
é tudo bonito demais e
a visagem, de tão linda,
quase incomoda.
Mas é que o artesão é foda!!
Pai do estilo,
precursor das linhas essenciais e dos contornos,
esse senhor humilha as vanguardas
com sua precisão de cores formas texturas e mosaicos.
Poeta pintor escultor e hidrógrafo das diversas areias,
esse cara me presenteia aqui,
em país alheio.
Falando minha língua, e me entendendo direto,
sem representante nenhum,
sem intermediário ou empresário,
esse visionário me oferece um vernissage-prece
sem alguém entre nós que por ele interceda.

Eu escolho com tranquilidade e fascínio as pérolas...
todas à minha mercê.
Eu, sem pudor,
como um comerciante folgado num mercado persa de águas!
E que, pelos bens que vê, vai se dar bem,
bem se vê!

No entanto, olho o artista:
está calmo...
não liga pra isso, nem pensa nisso,
embora esteja solitário e criativo como eu.
Eu, humana e desesperada, grito para ele
me agarrando ao escafandrista ofício
que agora de tudo me vale e me valeu;
ó mar, meu querido, seu marchand sou eu!

Barça, 9 de julho de 2004

Capixabaéchique

Adoro o mar de minha terra!
É bom dormir ao pé dele,
ao som da sua cantiga, ao bater das suas ondas,
esse ninar.
O mar de minha terra foi babá antes de ser mar.
Foi preta velha, deu de mamar,
depois é que virou mar...
Adoro ele, é meu quintal!
Muita coisa me ensinaram essas areias
muita coisa que hoje me margeia
muita coisa de minhas cheias
muita coisa que hoje me incendeia...
ah, quantas lindas coisas me ensinaram essas areias!

Mar de minha terra, o mar que me ensinou tudo:
a ser maleável
a ser constante
a ser especial
a ser errante

a ser cotidiano
a ser estreante
a ser igual
a ser diferente.
O mar de minha terra ensina muita coisa a muita gente!
Todo lugar lá
em alguma hora dá no mar
passeando por essa terra
se quiser procurar
uma hora achará um caminho que dá no mar.
Por destino de limpeza, batismo, sol, mergulho, minério,
petróleo, sustento e peixe, se vem e se volta do mar.
Adoro mesmo o mar de minha terra.
Também, pudera! É ele quem garante o charme da gente,
pois todo capixaba é diferente:
tem um segredo de espuma
uma conversa de duna
um disse me disse
todo capixaba é chique.
Todo capixaba tem
um pouco de beija-flor no bico
uma panela de barro no peito
uma orquídea no gesto

uma cafezinho no jeito
um trocadilho na brincadeira
um tambor de congo no andar
um jogo de cintura
um chá de cidreira
uma moqueca perfeita
um perfume de coentro
e uma rede no olhar.

Todo mundo de lá desenha nas areias brancas
compõe nas areias pretas
todo capixaba tem um verso
tem um pouco de Anchieta.
Todo povo por lá
tem um certo louco
tem um certo torto
uma palavra solta
uma revoada de colibris
todo capixaba tem uma força de povo
tem um pouco de Maria Ortiz.

Toda montanha lá tem um caso
obstinado com o vento

uma pedra azul
um albatroz de convento.
De luva e biquíni é que eu vou pra lá,
todo capixaba é um evento!

Adoro o mar de minha terra!
É isso que no meu sentimento arpeja,
é a sua memória a me embalar;
a memória desse colo a me ninar,
colo de minha preta velha, minha mãe do mar.
O mar de minha terra foi Iemanjá antes de ser mar.
Foi preta velha, me deu de mamar,
só depois é que virou mar.

Praia da Costa, junho de 2003

Senhora

É deserto o dia
corro na praia
na areia quente
corro fervente corpo esse meu
correndo na ardente terra
que beira o mar
corro na praia
morro dunas montes cumes
de se subir e molhar
ninguém me vê
só ela
que sopra na concha sua voz de Iemanjá
corro na areia bege
ainda é ela a me chamar
vestido de seda e de lese
é o da sereia desse mar.

26 de março de 2003

a portaria de Pedro

Pedro trabalha todo dia o dia inteiro,
abrindo e fechando portas.
Todo tipo de gente ele vê passar.

Pedro, que foi pescador,
portanto um homem acostumado a peixes,
um homem iluminado de variação de cardumes,
um homem sem juízo de julgar,
porque sabe que quem julga peixe também julga mar,
tem em seu poder a tarefa de permitir ou não deixar entrar.
Dono das chaves, doce orixá,
Xangô dos destemidos,
operário das entradas e saídas seja de quem for,
deste ou daquele mundaréu,
diz-se de Pedro que é porteiro
mas porteiro do céu!

a identidade do mar

Era um programa bonito sobre esse Dorival.
Eu almoçava vendo televisão.
Fascinada.
Aqueles versos, aquelas redes
aquele cardume de liras,
aquela música amorosa limpa apimentada e mágica
brotando daqueles lábios carnudos, daquela boca-coração dele,
aquele balanço sensual de seu corpo abraçado ao violão,
como se este fosse dele uma extensão.
Ai, aquele luxo de simplicidade me comovia
sem que eu percebesse...
era um poeta lindo!
Um homem romântico e simples,
sofisticado de tanta natureza e
gostoso aos noventa anos.
Queria casar com ele!
Às vezes, eu baixava os olhos ao prato
pra não errar a mira da escolha do garfo,
a distinção do grão, a dose do alimento.

Até que num desses momentos, voltando os olhos à tela,
dei de cara com os olhos de Caymmi!
Um close fechado dando detalhes estupendos da sua mirada
e ao mesmo tempo uma panorâmica forte daquele olhar.
Ai, meu Deus,
o que eram, o que são e o quanto sãos são
os olhos de Caymmi?!
Aquela gigantesca meiguice de olhar era quase uma covardia comigo!
Era uma beleza flagrante demais para um coração como o meu,
que sofre de fraquezas irremediáveis por essas belezas!
Resultado:
Explodi num choro pluvial!
Aquele olhar me fez chorar.
Chorava, chorava, chorava,
lágrimas prato sofá e só sentia o porquê,
mas esse porquê como me cabe explicar?
Meu Deus, não era só um olhar,
era a poesia!
Não, não era só a poesia,
era ela de frente com sua fronte real!
E não eram só a frente e a fronte,
era a fonte dela.
Mas ainda assim não era.

Não.
Aqueles olhos não eram só a fonte dela,
aquilo era o fundamento e a fundação do azul!
Não... ainda isso não era...
aqueles olhos
e aquele olhar
eram mais:
aquela praia nítida que se via neles
era o mar!
Mas acontece que o mar, na realidade, era outro:
o mar era, na verdade, um mero reflexo,
um retrato convexo, fiel e sublime
dos morenos olhos de Dorival Caymmi.

Inverno, 26 de junho de 2003

"Só se vive no amor,
o amor é a língua que eu falo e escuto."

Paulinho Moska

"Quando o amor tem mais perigo
não é quando ele se arrisca
nem é quando ele se ausenta
nem quando eu me desespero
quando o amor tem mais perigo
é quando ele é sincero."

Cacaso

III

amar—elo ouro

a Lino e Divalda

É de tarde.
Eu vejo no cinema dos olhos,
na tela da miragem do tempo que alinha as conjugações:
é minha mãe com cinco anos de vestidinho de chita
e uma bonequinha na mão.
Espera meu avô na estação.
Dá pra ver o trem passar da janela.
A menina, que depois seria minha mãe, espera...
ele, que tinha deixado de ser o homem de minha avó,
e pelo qual minha mãe rezava para que não deixasse
de ser também o pai dela.

Mas os sonhos têm seus autônomos trilhos,
sua imprevisível malha.

Naquele momento, na outra ponta da estrada de ferro,
no perigo das caldeiras,
trabalha o menino Lino lindo,

com dez anos de idade no meio da fumaceira,
nutrindo o sonho nítido de ser doutor.
Em busca do amor e do pão migram os seres.

Quinze anos depois,
esse homem estampou de palavras, promessas e beijos
o coração dela na tarde ensolarada da estação.
No meio da viagem em busca do sonho
se encontraram e se amaram um amor de arrepiar
o coreto das probabilidades
e de sustentar a densa cabeleira enorme do destino
que o desejo teceria.

Trago esta memória minha
que parece memória filmada, fotografada;
porque eu digo *minha* mas é memória herdada.
Por causa do trem meu pai encontrou minha mãe
e zombou da distância entre Vitória e Minas,
entre Espírito Santo e Bahia.
Por causa do amor e suas coragens nasci da música dessa passagem,
nasci da trilha dessa paisagem que agora canto,
e é de tarde.

Agosto de 2004

aliança

De alguma maneira hoje
quero sempre casar com você...
para mim este amor é diferente:
não é de papel passado,
é amor de papel presente.

13 de janeiro de 2005

Convite

Vamos meu amor,
nos encontrar às escondidas dos nossos inimigos?
Vamos, vamos, meu amigo,
nenhum deles saberá!
Vamos, de um jeito sagaz, armar,
de modo que o rancor não encontre coleguinha,
ressonância, par?
Vamos nos articular, pianinho,
de modo que o orgulho, esse "ervo daninho",
se sinta sozinho e sem lugar?
Vamos combinar de nos encontrar tão gostoso,
de modo que o garboso, bobo, inútil orgulho,
aquele que sempre superior se sente,
se veja ali, sem ambiente?
Vamos, meu amor,
o amor arapucar,
de modo que a mesquinharia sinta logo que errou de ponto,
que falhou de lugar?
Vamos meu amor, meu cúmplice,
nos organizar,

para que a gosma do ressentimento perceba logo
que se enganou de bar?
Vamos logo, amor,
para um bom lugar, onde a razão conceda ao perdão
o poder do sol,
que é o de iluminar?
Sem aqueles demais, só com nós dois
e em paz,
vamos rir,
rir de amor,
de puro amor,
vamos rir de chorar?
Vamo amor?

Sampa, outono de 2005

a estrada

A porta parece com a dona:
só abre por dentro,
não é preciso bater,
só batucar com sentimento.

Uma mulher, meu amigo...
o que é uma mulher, meu amigo?
Senão uma casa, um lar,
senão uma estrada a raiar?
Então a mulher é mais que uma porta de entrar,
e é você quem a abrirá.

17 de março de 2005

amar-elo

(a Zanandré Avancini de Oliveira)

Eu li as cartas de amarelo-limão que você me escreveu.
As minhas cartas de amor você também leu.
Sofri as besteiras dos nãos que você me deu e nem percebeu.
Reuni com segredos e em cofre de amarelo ouro
seu amor glacial por mim, meu tesouro.
Fiz com você nosso poema mais corpo,
mais chique, mais fruto, mais louco:
nosso filho, o amarelo ovo, amarelo novo!
Sorvi com você o desejo de uma vida cheia,
uma vida vindoura,
uma vida verdadeira e plena de cenas,
um lindo amor,
amarelo gema.

{79}

Notícias do feminino

Rola na cama a mulher.
Pensamentos do masculino assanham seus orifícios de dama.
Rola já úmida a mulher
cujos seios pulsam e se dilatam,
cujos bicos fervem duros para o alto,
mirando o teto do quarto.
Rola na cama...
isso se sabe,
mas não serve qualquer um.
Só serve quem ela ama.

Rio, verão, 2005

O tao do amor

Eu gosto de você
até quando você espirra
até quando você pira
até quando você ira
Eu gosto é de você.

Títulos de honra

moquequinha
minha flor
formiguinha trabalhadeira
sereia tisnada
pretinha
preta
gazela
égua
fornida
gatinha
quentinha
ceuzinho
paraíso
sucumbinha
dadá
adoro os nomes que você me dá.

além do harém

Aquela que em ti comemora,
aquela que está a te beijar agora,
dá carinhos serenos aos teus desesperos,
dá desurgências aos teus agoras.

Outra mulher, outra senhora,
te acarinha de noite.
Coroa a loucura dos teus afazeres
com beijos serenos, pequenos e bons,
e mais geleia de amora.

Outra mulher,
não eu,
habita os teus sonhos de alcova.
Mas tu não te entregas sem hora.
As coisas do nosso amor te remoendo,
e já é aurora.

Outra mulher,
não eu,

te devora.
Promete ser tua,
promete nem considerar o que doeu, se doeu.

Mas dentro de ti ainda namora
uma mulher que tilinta,
aquela que tu dizes que está fora,
aquela que em ti se demora,
aquela que em ti ainda vigora,
ah, essa mulher sou eu!

24 de setembro de 2004

acordados no sonho

Aí está, meu amor,
lua, passarinho, horta.
É sonho, mas já se toca.
Quando chove,
não é ilusão o que floresce.
Deitada no nosso quintal
a natureza se oferece,
brinda elegante o nosso hino.
Eu, mulher, vivendo a vida nos seus braços, menina,
você, homem, vivendo a vida nos meus braços, menino.
Aí está meu amor, o nosso amor,
no endereço do seu destino.

12 de abril de 2003

No escurinho do poema

Passei o dia no cinema
dentro do filme
só beijando beijando beijando
e olhando olhando olhando
só querendo querendo querendo

na película o protagonista era o desejo
mais que isso nesse dia não vivo
mais que isso nesse dia não vejo
o argumento é do míster destino
o roteiro é da dona saudade

eu mesma nada componho
passei o dia dentro do sonho.

Das surpresas essenciais

Não sabia que esperava o jeito desse beijo,
a textura dessa boca há tanto tempo!
Eu não sabia que templo era o seu regaço,
o arco nobre de seus braços,
o porto delicado do seu abraço,
eu não sabia que esperava esse dia.
E muito menos que um dia esse dia haveria!

Pois a sua boca agora ocupou apressada
a memória de todos os beijos
e de outros acontecimentos memoráveis.
A verdade é que sua boca, que eu nem esperava,
que nem no meu script estava,
beija a boca dos meus sonhos reais,
e parece, se a situação não me engana,
que ambos
boca e sonho
vão já já
pra cama.

{87}

Pau feliz

O pau do meu amor
brilha na penumbra manhã prismada
com a luz que o papel pardo que colei na janela faz.
A iluminação amarela
dá romance à ereção das manhãs.

(Meu Deus, amar é isto?
Este desejo contínuo pelo mesmo objeto?
Esta estreia?)
O pau do meu amor turge em uníssono com o bem-te-vi.
Na aurora ele me catuca,
dormindo me cutuca,
me futuca ardente e calmo,
posto que seu dono ainda está dormindo.
(Meu Deus, será amor isto?
Este desejo, este torpor,
esta missa por esta mesma espora,
por este galo, por este sino?)

{88}

O pau do meu amor amanhece lindo,
dizendo que isto é Deus,
isto é amor,
o retrato de uma fé,
vou concluindo:
é...
o pau do meu amor
amanhece rindo.

24 de abril de 2003

Registro

Eu te amo eu te adoro.
Este meu rabo balançando
este meu jeito rebolando é toda eu confirmando
em todo corpo
o quanto te amo.
Sou eu assinando embaixo e em cima
sou eu em suma rebolando
reconhecendo a firma.

1º de novembro de 2003

a arte mágica do tempo

As costeletas grisalhas do meu amor
fizeram dele mais lindo ainda.
O amor da gente tem o privilégio do trono do tempo,
cai bem a velhice no amor da gente.
As rugas enfeitam a paisagem.
Porque as rugas no rosto do amor da gente
são as avenidas dos caminhos nossos
no rosto do amor da gente.
As expressões tatuadas na face dele
são fotografias do passado quando
passou nele e quando por ele passou
desde quando presente começado.
As costeletas grisalhas do meu amor
são o nosso amor no tempo recente,
remoçado.

14 de abril de 2003

Certezas de uma galinha preta

O que fazes em mim
é dar incidência da palavra fêmea ao meu desejo.
Até aí nada demais.
Mas o que disparas em mim
é a explosão terra virando fogo
no meu fundo sem ser fim de mundo.
Começo em ti,
me denomino ali água, alegria, paixão, firmamento.
Tu me trazes pela cintura
e com esse pequeno precioso preciso gesto,
enlaças hordas, civilizações, culturas.
Ser tua é a estreia eterna de
ser de alguém.
A memória amorosa se estrutura
nos balés das nossas cheias noites.
O prazer impresso na volúpia
dos movimentos, dos infinitos encaixes,
dos maravilhosos eventos de nossos
corpos combináveis,

sem quebrar cabeça nenhuma, me eleva
ao estado de corpo pleno!

Esse é nosso terreno
e sobre o qual construiremos
nossa casa.
Lareiras esperam com frio
tuas acesas lenhas.
Galinhas cacarejam
no quintal do amor
nossas senhas.

25 de julho de 2000

Querência

Meu amor é absurdamente agarrado a esse tronco, meu abacate!
Toda palavra caráter,
repito,
mora aí.
Dormir no embate maravilhoso de nossas pernas
é coisa de areias desertos tesouros achados.
Meu tempo, meu falo,
sinto por você uma canção sem nome,
uma canção que lambe as bordas de dentro
e os contornos do lado,
sem parar de cantar.
Mais que te admirar,
mais que te honrar em escolha,
o que sinto por você é desejo
(não o ensinado por Maria Birolha).
Um desejo dum barro especial do qual você é feito
e que se espalha na nobreza do seu corpo.
Não na pompa mas no pampa da longa camisa de sua pele,
esse gaudério espaço onde me encontro
e onde meus poros berram mansos "é aqui, é aqui!"

Daí nunca mais sair.
Só se por motivo de aumentar o manequim da saudade,
só se por vontade de durar o eterno,
só se pelo terno acontecer do nosso amor melhorado.
Eu, como um gado,
corro esse descampado,
vaca no cio anunciando a primavera.

Me dar a ti é morar
numa árvore rara,
feito uma casa clara
com amplas e infinitas janelas.

13 de março de 2001

Eu conto do mato

Abriu o macio edredom para mim
como um zangão abre as asas para sua rainha abelha,
como um cavalheiro à sua donzela,
como um carneiro à sua quentinha ovelha,
como um cobertor de orelha ele me cobriu
e dormimos profundamente rendidos ao aconchego do outro,
como que de volta ao teto do nosso amor.

No meio da madrugada, no silêncio sofisticado
da sinfonia dos sapos e grilos,
componentes da orquestra da escuridão,
fomos acordados pelo desejo.
Foi ele.
Nos cutucou, nos convidou à nossa festa deliciosa e rara.
Topamos.
Era trote, era galope, era amor e era no mato.
Era na cama, mas era no mato!
Dormimos outra vez brotados de outra paz.

Outra vez o desejo, este galo cocorocó de nosso quintal,
nos desperta para a matinal cavalgada,
para o passeio no corpo do outro, na alma do outro...
o velho novo sol ardente invadindo a invernada!

Não sei se as palavras que eu disse aqui
traduzem a tamanheza e a iluminação
da intimidade do fato.
Ô, meu Deus,
não sei se explico o exato...
eu sei que era na cama,
mas era no mato!

Cinemadrugada, 9 de abril de 2005. Fazenda Porto Reserva, SP

Retrato do dia seguinte

O dia era bem filho daquela madrugada.
Era a cara dele, praticamente.
Bonito e bordado de harmonia entre nós:
me levou pela mão, ofereceu-me os próprios chinelos querendo,
descalço e delicado,
a proteção dos meus pés.
Pegou uma fruta do pé e me ofertou como flor.
Introduziu, safado e romântico,
a colher com um pedaço tremulante
de pudim com calda na minha boca.
Andou pelo pasto lembrando, menino lindo e solitário,
a infância dele.
Até que me chamou: *Dadá!*
(Pra que eu visse a beleza amarela de uma borboleta
pousada na folha do dia)
Dadá! Dadáááááá...
Ai, era meu nome de eu ser dele.
Meu homem...
a voz de meu homem ventou doce sobre o milharal

e acentuou o cheiro das tangerinas,
deu mais suculência às peras da pereira
e brotou sossego no meu coração.

Ninguém pode nos tirar esta memória,
este filme de paz em nós no meio do pasto,
esta água fervorosa do nosso amor
e a película incomparável de sua fina sede.

Ninguém jamais retirará o retrato desse dia
da alma de minha parede.

Álbum da manhã, 10 de abril de 2005. Fazenda Porto Reserva, SP

Relicário

Agora que digito os manuscritos poemas
que faltam para fechar este livro,
me deparo, sem estranha surpresa,
porém cheia de palpitação,
com o inventário poemático do que foi o nosso amor até agora.
Datas e lugares me confirmam
o efeito que a experiência tatuou em nós,
em minha visão, e que
a inteligência inspiratória resolveu por própria ata registrar.
Consideremos, pois, agora
os girassóis desse movimento,
os cata-ventos, as espirais,
os vangoghs de cada orelha,
o amarelo de nós, os mortais.

Agora que as compotas
dos nossos segredos
estão abertas, narradas e expostas em seu novelo
pelas linhas dos versos,

pelos seus arautos e animais,
mais certeza tenho que o que já foi
não volta mais.
Mais esperança tenho que do mesmo pote
em que se bebeu a divina água
outra linda água virá
e eu quero é mais.
Agora que digito estes poemas
percebo que escrevo as ondas,
a escritura dos líquidos da felicidade
e dos sofrimentos.
Escrevo na onda,
escrevo no diário das águas
o sentimento.

Itaúnas, 4 de janeiro de 2005

Tatame

Cá estou para uma guerra inesperada
e difícil: lutar contra o meu amor,
o amor que eu sinto.
Puta que pariu!
Civil, despreparada
e desprovida de armas, pareço perder
de cara a empreitada.
Levanto da primeira derrubada
e o bicho já me golpeia certo no
diapasão; justamente o afinador dos fracos,
a bússola sonora
dos instrumentos de canção.
Me emudece, me desafina
ceifa rente meu braço de poema, e,
manca dele, procuro ainda alguma proteção.
Mais um golpe, estou no chão.
O amor caçoa então: *quer morrer, danada, não vai lutar não?*
Com o bico da chuteira da mágoa
desfiro-lhe dois golpes seguidos no queixo.
O amor ri: *não doeu, nem senti!*

Irada, engancho minhas pernas em seu
pescoço, tento as tesouras imobilizantes
que copiei das lutas da televisão.
(Que nunca gostei, será que prestei a devida atenção?)
O amor interpreta mal...
Ah, quer me seduzir? Enforcar, que é bom, não?
Eu nada falava, torcia pernas, me esgotava,
fremindo-lhe a cabeça entre as coxas.
Isto pra mim é trepada, boba.
Eu gosto do aperto, do cheiro da roxa
e de te ver roxa.
E gargalhava.
Cansada, humilhada e sem
munição, desmaio e me entrego:
pode me matar, amor
eu estou na sua mão.
O amor me olha de cima então:
querida minha, eis o segredo da esfinge
eis o problema diante da solução:
matar-te é matar-me
e matar-me é matar-te.

Se no chão do amor estava,
nesse chão continuei então.

Deitada sob o amor,
debaixo do amor,
no ringue do amor,
o amor me beijou,
me beijou, me beijou.

9 de abril de 2005

{105}

"Passo a língua nas coisas que vejo
e passo as coisas que vejo pra língua."

Viviane Mosé

IV

Infinito poema

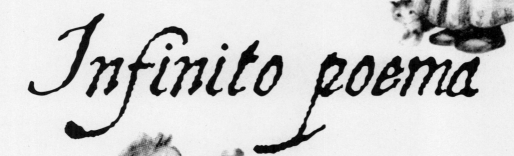

Uma lembrancinha do tempo

Desde pequena,
a poesia escolheu meu coração.
Através de sua inconfundível mão,
colheu-o e o fez
se certificando da oportunidade
e da profundeza da ocasião.
Como era um coração ainda raso,
de criança que se deixa fácil levar pela mão,
sabia ela que o que era fina superfície clara até então
seria um dia o fundo misterioso do porão.
Desde menina,
a poesia fala ao meu coração.
Escuto sua prosa,
quase toda em verso,
escuto-a como se fosse ainda miúda e depois,
só depois, é que dou minha opinião.
Desconfio que minha mãe me entregou a ela.
A suspeita, a desconfiança pode ter sido fato,
se a mão materna, que já aos onze
me levou à aula de declamação,

não for de minha memória uma delicada ilusão.
Desde pirralha e sapeca,
a poesia, esperta, me chama ao quintal;
me sequestra apontando ao meu olho o crepúsculo,
fazendo-me reparar dentro
da paisagem graúda
o sutil detalhe do minúsculo.
Distingue pra mim a figura do seu fundo,
o retrato de sua moldura
e me deu muito cedo a
loucura de amar as tardes com devoção.
Talvez por isso eu me
entrelace desesperada às saias dos acontecimentos,
me abrace, me embarace às suas pernas
almejando deté-los em mim,
querendo fixá-los porque sei que passarão.
A poesia que desde sempre, desde guria,
desde quando analfabeta das letras ainda eu era, me frequenta,
faz com que eu escreva
pra trazer lembrança de cada instante.
Assim, até hoje ela me tenta e se tornou
um jeito de eu fazer durar o durante,
de eu esticar o enquanto da vida
e fazer perdurar o seu momento.

Desse encontro eu trago um verso como
um chaveirinho trazido dum passeio a uma praia turista,
um postal vindo de um museu renascentista,
um artesanato de uma bucólica vila,
uma fotografia gótica de uma arquitetura de convento,
uma xicrinha,
um pratinho com data e nome do estado daquele sentimento.
Ah, é isso a poesia:
um souvenir moderno,
um souvenir eterno do tempo.

Zambézia, Moçambique, setembro de 2005

"Mas é a cara do Lino!"

a Lino Santos Gomes

Bonitinha toda vida,
ia ela, pequenininha,
às aulas dos adultos e só oito anos tinha.
O pai dava aulas de latim, português e sociologia à noite.
A menininha ouvia e via.
Quem é? Sua filha, professor?
E os olhos dele correspondiam ao sim
com um gozo esplendoroso cravejado de orgulho,
tal qual o anel reluzente e precioso que era já o nosso laço.
Eu era a sua cara. E gostava era demais de ser parecida com ele.
Meu cartão de visita, dizia segurando meu queixo,
com delicadeza de homem lindo.
Era meu pai, papai.

Pai... por suas aulas comecei a amar as palavras.
Por seus provérbios e citações comecei a amar o jogo delas e
a possibilidade infinita do que podiam erigir os tais pensamentos.
Por sua divertida didática aprendi a amar
a alegria de cada gramático movimento.
No dia do meu casamento me deu de presente

uma máquina de escrever.
E com esse presente me deu estrutura de passado,
futuro e poder.

Barcelona, 4 de julho de 2004

a casa é sua

a Fernando Martins

Sempre alerta com o poema!
Mesmo aos mais experientes
pode parecer mistério.
Já levei muita rasteira
de poema novo e de poema velho.

É preciso adotá-lo,
depois de escolhê-lo,
reconhecê-lo, topá-lo,
transar com ele
a ponto de fazer dele
suas palavras.

Tem que ter cuidado:
se for poesia,
pode guardar segredos e cheiros
debaixo da saia,
coisa que não se percebe
ao primeiro aperto de mão.

Uma maçã escondida no gosto,
uma parte fundamental da orelha
que parecia ser só um brinco
e que afinal era realmente um brinco,
e que brinco!

Há aqueles que atacam logo
no cinto de segurança da gente;
ou apertam ou afrouxam.
Há os que, poemas,
nos roçam
com seus inesperados volumes.

Há os que, vaga-lumes,
iluminam só com a bunda
a longa estrada.

Mas todos chamam
pra algum lugar
todos propõem passeios,
festas, dores, lembranças,
alívios, horrores, clarezas e amores.

Outros espalham armadilhas sortidas
e te encantam
e te domam — lindos que são.
Sedução.

Sempre alerta com o poema;
ele te escolhe ao escolhê-lo ou,
ao escolhê-lo, ele te colhe?
Como queira a moda...
ele manda!

Muitos guardam todo o seu segredo,
o ás de ouro, o sete e meio,
a completude da canastra,
o xeque-mate,
no título.
O título: essa discreta aeronave,
o segredo, a senha, a chave.

De qualquer modo,
é pra dentro que nos chama.
Puxa nossas pernas,
beija nossa boca,
molha nossos olhos.

Quem tem um poema dentro
tem a chave.
Quem tem vários
tem um chaveiro,
um molho,
um desfiladeiro.

Em muitos
virão as perguntas de praxe:
mas como é que digo isso?
Mas o quê que ele quis dizer aqui?
Será que é isso?
Mas por que estou sentindo isso?
Mas que isso é esse,
que parece me levar a um sem-limite?
Mas que poder tem isso,
que faz de mim inevitavelmente,
espontaneamente, pássaro e alpiste?

Sempre alerta com o poema...
e, se quiser a resposta,
aceite o convite.

20 de agosto de 2001

Sobre o batizado

Parece que tenho o dom do título.
Não sou muito de retocar poema escrito
mas título eu sei dar.
Sei até ensinar:
títulos devem ser o segredo da fechadura,
a chave até,
mas nunca a revelação,
nunca o conteúdo do segredo
de forma escancarada.
O título é a porta, a síntese,
o anúncio da fachada.
Te chama para o caminho
mas não o entrega de entrada.
Se tudo encontrarmos nele
pra que seguir na escalada?
Prefiro, no requinte do assunto,
que, se possível, nem haja no texto a palavra
ou algumas das quais se usaram no título;
o título não enuncia, mas anuncia.
É a redução mínima e subjetiva do assunto.

Acordei com clareza disso
e com vontade de dar aulas sobre a matéria.

Que título eu daria a um poema sobre títulos?
É muito difícil dar o alimento ao mesmo tempo que se come.
Ah...
batismo é dar nome.

12 de abril de 2004

Vasculhando

Curiosa, como um leitor amoroso,
visito meus vários cadernos.
Encontro poemas que,
embora sinceros, bêbados se fizeram.
Encontro poemas feios,
encontro poemas belos,
encontro poemas que não me lembro por que fizera.
Encontro poemas
que me recuperam,
me confirmam,
me traduzem,
me envergonham,
me confundem.
Poemas que não entendo,
poemas escuros,
poemas dispersos,
poemas sem nexo,
poemas duros.
encontro poemas velhos,

poemas fungos,
poemas brotados no pasto do depois de muito chorar.

Curiosa, como um leitor rigoroso,
encontro poemas de acordar,
poemas brilhantes,
poemas intrigantes,
poemas ininteligíveis,
poemas invisíveis, difíceis de se revisitar.
Os cadernos me revelam.
Pareço outra em cada verso,
mas cada qual é o mesmo espelho,
onde a poesia, por obra de céu e de inferno,
resolveu me olhar.

26 de março de 2002

Prosa ou poética

aos jornalistas

Não largo nunca da mão de uma ou de outra.
Minha poesia tem roteiro,
acontecimento, enredo.
Uma história que se conta por dentro dela.
E minha prosa tem poesia, cor, imagens e melodia
costurando-a por dentro.
Em poesia ou em prosa não se sabe sempre antes:
é como menino ou menina,
é como com que roupa,
depende de como eu acordo,
depende de como me enrolo,
de como me comovo,
depende de como me movo,
de como me sinto
e depende também do tipo da festa do convite e do destino.
O que importa é que trabalhar
com uma ou com outra
nunca é abandonar alguma.
Em suma,
prosa ou poesia pra mim não dói,

nem há como me divida.
Como nunca estou longe nem de uma nem de outra,
trata-se de uma escolha sem despedida.

9 de novembro de 2000

Manhã azul

Pão fresquinho
quentinho
manteiga amante da casquinha
sobre a mesa de café
leio poemas que dão tapinhas
no meu coração.

Se algum dia sofri, esqueci.
Mário Quintana é o
passarinho mais inteligente
que já conheci

Um disfarce

Nesse mesmo dia em que estudávamos
O açúcar e outros escritos dele,
um aluno dizedor de poemas me disse
que vira o próprio Ferreira Gullar
carregando um saco de arroz pela rua,
indo pra casa!!!

O rapaz estava estupefato e deu à fala status de notícia.
Desenvolvi:
era branco esse arroz como os cabelos lindos dele?
Era integral esse arroz desse homem íntegro?
Fizera Ferreira um risoto?
Era para o almoço?
Cozinhara Ferreira um arroz simples
com companheiros de bife e feijão,
o trivial, mas tão bem-feito feito seu poema?
Feito o seu verso?
Ou se dera o reverso,
não será nem Ferreira quem cozinha
e terá ele com a cozinheira uma picuinha,

por ela não dar patamar de luxo à banalidade,
essa cozinheira daninha?
Por ela entender que o maior papel de um arroz
deve ser apenas o de ser guarnição? Ou não?
Será mesmo Ferreira quem cozinha
e da janela desse lar
vê a bunda
e o tempero da vizinha?
Ou estivera ele nem aí pra isso,
tivera, puto, é que interromper um verso
pra fazer das compras seu compromisso?
Ou será não fora nada disso,
apenas um homem, um escritor,
um faminto humano,
fora humano ao supermercado
comprar o item esquecido
que fora meio rabiscado
ininteligível na nota anterior da compra?
Ou será que isso não conta?
Nada ele tinha pra comprar
e não sei o quê, meu dizedor de poemas antevira, sagaz...
Saíra, sei lá,
pra passear, e vira uma moça triste e tonta,
seguiu-a para adivinhar os segredos que ela não conta,

sua vida, sua rima.
Fora ver como sofria,
e se sofria, como reagiria na rua àquela dor,
e a seguira pelo caminho até em meio à mercearia,
atraído pela matéria da poesia, seu andor.
Seguiu, observou, olhou-a forte
no espelho da lágrima que não caíra,
ela sacou, ele disfarçou e, ora pois,
saiu com um arroz.

Rio, brinquedo de outono, 7 de maio de 2003

E fumo por aí...

Hoje quero fazer trocadilhos muito fáceis pra mim
de fazer e eu quero vê-los
quero pensamentos inteligentes de mãos dadas aos fuleiros
quero a brincadeira dessa confluência
quero a influência
desses mestiços herdeiros
quero a troca
quero a troça
quero o rubi e a roça
quero o fusca e a carroça
quero o frescor da anedota
e não sei a qual quero primeiro.
Ah, eu quero é a maconha de Zeca Baleiro.

Itaúnas, 30 de dezembro de 2003

Moita

Aqui faço coisas que nunca faço:
a toda hora caminho sobre a bicicleta sobre
a estradinha de areia sobre a ponte sobre o rio Itaúnas.
Aqui, logo acima, meu Deus, que beleza de lua na duna!
Ela pura
enluarando por incumbência.

Meu Deus, que espécie de amanhecência prata na noite escura
a lua traz?!
Ó Deus, doce capataz,
mistura fina de capeta e jazz,
até quando cruelmente me emocionarás com
suas imagens tão verbais?

Aqui faço água e deserto sob o mesmo teto,
aqui faço praia e montanha no mesmo ato,
aqui o verso acontece concomitante ao fato.
Ah, aqui poesia é mato!

Verão, Itaúnas, 2001

De olhos bem lavados

Aqui, escrever poemas é tão óbvio!
Sai ele sem que se queira.
Esse lugar limpa por demais o ver da gente!
E aí a criação do olhar se fortalece,
a criança do olhar se fortalece.
Ganha-se mais realidade, mais pureza,
mais fidelidade ao objeto mirado.
Ganha-se mais crédito.
Novo cristalino
no olho inédito.

Manhã de Itaúnas, 9 de janeiro de 2002

Flor do Leblon

in memoriam

Toda vez que sento no Flor
alguma poesia sai
alguma poesia vai
certa reta
como se nada tivesse bebido.

São linhas metas.

Escrevo como se o boteco estivesse
para a poesia
como o dia para as bicicletas.

1998

Poema infinito

a palavra **beijo** me deixa **molinha**
a palavra **banho fresquinha**
a palavra **valor besta**
já **alvará** dá **dor de cabeça**
a palavra **certeza** me dá **alívio**
a palavra **dúvida** me dá **ansiedade**
surto me dá **tristeza**
desordem me dá **providência**
afeto me dá **beleza**
ofensa me dá **ferida**
e **gozo natureza**
já a palavra **palavra** me dá **destreza**
escarlate me dá **pulsão**
destino construção
acaso me dá **esperança**
lua intuição
desejo me dá **alcance**
e **medo pré-munição**
independente me dá **passo**
safada me dá **veneno**

{132}

e **partido** me dá **pedaço**
a palavra **forte** me dá **fortuna**
a palavra **lida** me dá **cansaço**
já a palavra **luta** me dá **impulso**
e a palavra **vitória futuro**
a palavra **cedo** me dá **tempo**
passeio contentamento
tapa me dá **duro**
pau me dá **encaixe**
e **branco** me dá **contraste**
preto dá **estirpe**
beiju me dá **mate**
vida me dá **extrato**
escolha me dá **instrumento**
música me dá **balanço**
e **cafuné** me dá **afago**
ternura me dá **argumento**
maconha me dá **abstrato**
disputa me dá **revanche**
carinho me dá **trato**
história me dá **alegria**
hóstia me dá **engano**
bairro me dá **nostalgia**
orelha me dá **cafungo**

vaidade me dá **brinco**
brincadeira me dá **humor**
argumento me dá **vantagem**
outono me dá **poesia**
rede me dá **vadiagem**
verso me dá **vida**
e a palavra **céu** me dá **espaço**
mesquinharia me dá **nada**
coragem me dá **estrada**
generosidade me dá **idas**
rancor me dá **doença**
a palavra **surdo** me dá **som**
a palavra **cego** me dá **tato**
olho me dá **mira**
foco me dá **contato**
cozinha me dá **herança**
a palavra **corrupção** me dá **asco**
a palavra **poesia dia a dia**
preconceito rebeldia
a palavra **comparação** me dá **discórdia**
solidão inchaço
trote me dá **cavalo**
bosta me dá **pasto**
Fred me dá **fazenda**

gaúcho me dá **amor**
laço amizade
reza me dá **tambor**
tambor me dá **meta**
meta me dá **estrela**
estrela me dá **vigor**
traição me dá **treva**
erva me dá **louvor**...

2 de agosto de 2001

Considerações diante do banquete

O que fazer com os poemas para ti
que escrevi mas não te li nem te disse?
Demito-os?
Omito-os?
Disfarço-os?
Abandono-os?
Escondo-os?
Mascaro-os?
Publico?

(Ora, isso é picuinha de pergunta querendo constranger resposta.
O que faço com estes poemas?
Pois,
uma vez escritos, são comidas, meu Deus!
Nada mais importa.
Agora é tarde,
a mesa já está posta!)

17 de março de 2005

Tantã

Hoje tô meio maluca,
perdida de mim,
tô doida.
(Vou escrever, que não sou besta!)
Tô leléptop da cabeça.

9 de agosto de 2005

avulso

Onde andará outra vez desta vez minha poesia?
Há dias não escrevo um verso,
à minha frente corre, escorre a danada da poesia.
Caminho por onde ela existia.
Passara antes de mim pelos eventos.
Sinto seu cheiro,
o vento do seu pensamento,
o vapor de sua saia,
o galope de seu casco empoeirando e alumiando a longa estrada,
densa névoa neste sertão.
Procuro-a meio às cegas,
meio em vão.
O que será de mim?
Sem ser poeta sou só ermo,
Sou perdido no desterro.
O que será de mim então?
Há dias nenhum verso escrevo.
Sem ser poeta sou sem direção.
O que será de mim então?
Há dias nenhum verso escrevo!

22 de novembro de 2004

{138}

De braços abertos

Tenho perdido muitos poemas.
Vejo cada linda semente se perder
só porque não lembro de trazer o infame gravador,
e por achar que deve ser natural,
e não salvo a fórceps,
as ideias desse amor!
Amor—poema é desse departamento.
De modo que me despeço dos que nem chegaram a ser.
Esses namorados que sonhei nas barcas,
no avião, no corredor...
poemas que fiz no açougue
na hora que o homem de avental ensanguentado perguntou:
Corta?
Cortou.
Nascido pronto, o poema ceifado de seu galho,
sem cesta-caderno que o acolhesse,
ali ficou.
Tenho perdido poemas no estacionamento,
criança que soltou minha mão no shopping,
espuma que se dissipou no copo de chope.

Procuro-os.
A alguns persigo.
Ponho enormes anúncios em meus corredores,
exponho pendurado no íntimo banheiro
o retrato procurado da única palavra que sobrou:
um retrato falado da palavra... sol.
Isso, era isso!
Lembro que era sobre o sol!
Mas logo o sol?
Outra vez o sol?
Esse vasto movimento, esse fornecimento antigo de poesia?
Que mais você queria? Esquecê-lo era a profecia!
Não, mas daquela vez ia ser diferente,
talvez naquele dia nem brilhar ele ia.
Podia até ser um sol doente,
gripado, de raios congestionados,
que só ia ficar bom no fim da estrofe,
na vitamina SE, com S de si mesmo no último consentimento.
Não importa, foi-se,
sumiu no sumidouro dos momentos,
nos bueiros dos poemas idos,
minas de Angola que se interpõem
no chão de nossa falta de tempo
de parar tudo quando ele chega.

Gulosa é a forma dele.
Grande é a sua boca.
E pra ser poeta tem que se estar disposto
a ser essa comida a qualquer hora.
O pior é a esperança persecutória
que não cansa de buscá-lo,
a ele que se perdeu.
E se multiplica de olhos essa verde moça,
e se polva de mãos,
e se duplica de faros e poros,
e se contorce em afeição por todas as memórias,
e se imaniza em liga com os passados,
pra ver se acha o danado do poema-semente que se perdeu!
Vontade obstinada
de levantar uma tampa de mala,
de tropeçar num desvão de calçada
e ouvir uma voz amassada
de um sob-escombro gritando ainda vivo:
Sou eu, sou eu.

Jamais me ponho de luto para o poema que se perdeu;
ao contrário, não vejo mas o escuto sorrateiro
a gozar-me todo rei:
Se não me lembrares, a outro poeta tocarei.

Resta-me pouco na emboscada.
Há os novos que chegam,
os que se refestelam tanto na chegada
que mal dá tempo de escrevê-los,
já vêm escritos e, antes de fazê-los,
a roda já está formada.
Mas para os desaparecidos
jamais o esquecimento!
O recomendável
é um movimento aberto de braços,
um abraço, uma cama posta, uma página em branco,
tudo isso será sempre seu acolhedor.
Há uma lã, um perdão, uma absolvição,
uma recepção, uma festa, um cobertor,
haverá sempre uma porta escancaradamente aberta
para o poema que voltou!

31 de setembro de 1999

Farol da noite

Não é verdade que eu só sou da madrugada!
Vou à praia, corro, telefono, me reúno a negócios.
Não é verdade que eu só sou da madrugada!
Isso é quase mentira.
Verdade é que quando todos dormem
mais eu desando a fazer versos!

Não é sempre, eu confesso.
Mas é que o mundo tanto de dia me estimula
que às vezes a meu verso encabula:
Por onde eu começo? Pergunta o pobre indeciso.
Pelo cheiro de café nas manhãs?
Pela delicadeza da folha a morrer chafurdada no chá de hortelã?
Pelo princípio de tudo, a gravidade, a serpente, o possível pecado,
o amor dos meus antepassados?
Pela foda primal de Adão e Eva,
só porque vejo a maçã?
E aí não é só isso, isso é só o começo.
Depois é que vem o arremesso do dia
com suas buzinas, suas cores, suas chacinas, seus dissabores,

{143}

suas estações cheias da inspiração de maio,
que é a campeã do gosto dos poetas,
depois vêm as compressas das sangrentas situações
onde o verso vira uma espécie de
hipoglós ou mertiolate,
depois vêm as questões quilates, o amor pelas horas
e suas reverberações,
o amor pelo mundo, suas funções e seus disparates.
Não é mole não!
É muita estimulação e tudo é todo e parte.
Por isso faço uma espécie de vista grossa diurna
que é pra me proteger da opressão de,
praticamente, andar fazendo a ata do universo.
Então viro das coisas do dia uma espécie de sonso coador:
olho, registro, farejo a coisa grande e, mesmo que faça calor,
nela ponho um cobertor,
que é pra que nenhum poeta,
na ganância esperta de seu livre escolher,
roube de mim essa particular festa desse nosso parecido parecer.
É besteira minha, mas é que nem pesca, tem peixe pra todo mundo,
mas se a presa é boa toda gente quer é esta.
E, ainda que a besta paranoia não se estabeleça,
a tendência é que a coisa cresça se você nessa hora atribulada a tocar.
Por isso prefiro esperar que as coisas durmam,

que elas refluam e se detenham num tempo guardado pra me esperar.
Chegarei à noite, isso é certo e elas sabem disso.
Chegarei com uma cesta de palavras
pra gente brincar de encaixar sentido.

Esta pra cá,
aquela pra lá.
É muito divertido,
mas é mais à noite que eu consigo.
De noite tem mais silêncio no fundo pra eu me ajeitar.
Sim, porque pra escrever um poema tem que ter posição certa.
É como um arqueiro diante de seu arco e de sua flecha,
é assim o desenho do poeta que tem o verbo a lançar por sua
cirúrgica mão.
Então é bom que anoiteça,
é bom menos sol, é bom que a luz esmoreça
para a redundante clareza que significa apalpar um verso.
Quando um assunto é poema ele acende farol alto
na cara da gente
e está se lixando se é contramão.
E lá verso tem lado?
Pra ele já basta ser direção.
Por isso escrevo mais é de noite
o que não significa que eu não prove do dia não.

{145}

Normalmente de dia com a poesia, sou uma espécie de "mineirim":
Num sei não senhor, num vi não senhor, é mêzzz, é?
E o dia passa crente que eu esqueci...
crente que eu mosquei quando o vento soprou fino
e o céu jogou um rosa lindo sobre o azul no entardecer.
Crente que eu estava surdo quando as cigarras disputavam
com as sirenes da ambulância do hospital quem era mais normal.
Nada. Anoto tudo num invisível caderno de aconteceres.
Aí espero a noite e seus roncos,
espero a cidade encher a cara,
espero ela beber.
É aí quando tudo parece quieto
quando tudo parece submerso
que eu começo.
De dia eu pareço que estou adormecendo,
pareço que nem estou vendo.
Nada.
De dia eu tô é bebendo.

7 de fevereiro de 2001

Lambe-lambe

Passam muitas pessoas no saguão dos aeroportos.
Passam neste aeroporto de agora,
e eu, no meu pensamento,
não me comporto, imagino elas fodendo:
fulano com fulano,
são casados, gozam, fazem planos?
E ela, quer logo que acabe?
E ele, penetra rosnando?
Fantasio as inúmeras possibilidades de encaixes,
em como foram as noites de amor que tiveram pra fazer essas
crianças chinesas africanas alemãs francesas mexicanas libanesas
brasileiras cabo-verdianas espanholas cubanas holandesas
senegalesas turcas e gregas.

(Meu pensamento é inconveniente mas ninguém sabe,
escrevo num café, estou, por fora, muito chique no cenário
e nitidamente estrangeira.)

Agora passam dois homens.
Sentam à mesa ao lado.

Falam germânico mas a tradução é da mais alta putaria,
uma iguaria da mais pura sacanagem!
Eu sei, são gays. Eles não sabem que eu sei.
Pensam que escrevo o abstrato
e capricham descansados ao colo do idioma que não alcanço.
Mas sou poliglota na linguagem dos olhares,
cílios a mais antiga cortina do mais antigo teatro
na pátria universal dos gestos, meu bem!
Eles não me escapam.
Um chupa muito o outro, que eu sei,
e o magrinho gosta de dar por cima e de lado.
Importante dizer que dentro desse meu pensamento safado
também não tem pecado.
Só me diverte
ver o que todos negam,
o que não se diz no social,
uma radiografia verbal da intimidade alheia é o que faço aqui,
sem que ninguém suspeite,
sem ninguém me permitir.

Aquele tem pau pequeno e, pior que isso,
ele, mais que suas parceiras, acha isso um problema.
Aquele ali também tem, mas arde na cama e se empenha muito
compensando a diferença.

Aquela, num outro esquema,
diz que não gosta da coisa
e fala sem parar.
Só uma pirocada de jeito para fazê-la calar.
A gostosa gordinha engole a espada todinha
daquele altão desajeitado,
cujo grosso membro se torna,
em meio às coxas dela, disfarçado.

E o velhinho punheteiro
de pau mole com jornal no colo?
Talvez seja o único a adivinhar o teor dos meus escritos,
dado que me olha dissimulado e constante
de modo a nunca perder meus segredos de vista.

(com licença mas é dessa matéria hoje minha poesia)

Enxerida, vejo a mulher com cabelo cortado à la moicano
com a menina que iniciara a tiracolo,
feliz em ser por ela lambida
e sem saber no que estou pensando.

Passam as pessoas
no saguão do aeroporto,

{149}

fingem que fazem check-in,
fingem viajar sérias e de férias,
fingem estar trabalhando...
mentira,
pra mim tá todo mundo trepando!

Frankfurt, 6 de junho de 2002

alvo

Adoro uma bobeira
uma palhaçada
uma palavra à margem
uma ideia engraçada
uma sacanagem
adoro a surpresa da piada
uma indecência boa
adoro ficar à toa fazendo trocadilhos obscenos
com sexo.

Adoro o que não tem nexo
e por isso faz rir
adoro a bobagem pueril
a coisa que não tem rumo
que de repente me escolhe
e me olha.

Preciso da besteira pra obter a glória!

Rio, marçoutono, 1998

Credo

De tal modo é,
que eu jamais negá-lo poderia:
sou agarrada na saia da poesia!
Para dar um passeio que seja,
uma viagem de carro avião ou trem,
à montanha, à praia, ao campo,
uma ida a um consultório
com qualquer possibilidade, ínfima que seja, de espera,
passo logo a mão nela pra sair.
É um Quintana, uma Adélia, uma Cecília, um Pessoa
ou qualquer outro a quem eu ame me unir.
Porque sou humano e creio no divino da palavra,
pra mim é um oráculo a poesia!
É meu tarô, meu baralho, meu tricot,
meu i ching, meu dicionário, meu cristal clarividente, meus búzios,
meu copo com água, meu conselho, meu colo de avô,
a explicação ambulante para tudo o que pulsa e arde.

A poesia é síntese filosófica, fonte de sabedoria, e bíblia dos que,
como eu, creem na eternidade do verbo,

na ressurreição da tarde
e na vida bela.
Amém!

16 de maio, 2004

"Ao escolher palavras com que narrar minha angústia,
eu já respiro melhor.
A uns Deus quer doentes,
a outros quer escrevendo."

Adélia Prado

V

Primeiro desbotamento

Confesiones desde el camerino

I

As lágrimas saltam entre o pincel e os olhos.
Meus olhos estão para naufrágios
e não para maquilagens hoje.
Insisto.
Não se pode devolver os ingressos porque o artista está triste.
Me avisam em catalão duro que vão abrir portas ao público.
Todo dia o fazem igual, mas hoje tinha um soar de sentença
e meus olhos desabam sem avisar.
Quero o colo do meu filho
meu povo
meu amor
meu quintal e sua tarde
meus amigos
minha língua
minha terra natal, mas quero agora, antes, muito antes do Natal.
Lavo os olhos o rosto todo. Pareço convencer as lágrimas a
mudarem seu curso. Negociei: prometo-lhes um travesseiro
macio noturno quando a cortina da segunda sessão se fechar!
Meu pai

minha irmã
meus irmãos onde estarão?
Minha mãe onde estará?
Cadê consolo? Não há!
Encosto a tristeza no canto da alma,
melancolia não dá pra pintar.
Pinto os lábios, refaço o traço delineador dos olhos,
me esforço pra não mais chorar, não posso, não POSSO!
Ouço o burburinho animado das gentes.
Daqui do camarim a música das conversas me diz que é casa cheia.
Deus, dá para me dar um público especial,
uma gente que também me leve em seus braços,
que queira, tope e saiba jogar?
Que me acolha, me confirme e desfrute do brincar,
preciso brincar...
Dá, Deus, pra dar?
Terceiro sinal: *benvingut visitant...*
Vou.

II

Volto ao camarim cinquenta minutos
depois sob aplausos longos e gritos
quentes de gratidão pelo que celebramos ali.
Bendita tarde essa!
Lavei de vez minha tristeza acionada pela lágrima da emoção,
sublime emoção da alegria.
Nunca fiz um espetáculo aqui com tanta,
mas tanta enxaqueca de alma,
uma coisa no peito que tanto dentro dele sangrasse e ardesse,
e nunca fiz um tão belo como esse.

III

É assim um pasto fértil depois da chuva
o coração desabafado da gente.
É humano e é lindo!!
Ah, meu Deus,
se mesmo ao doer ilumino,
é porque Deus me deu
não o público só especial que eu pedi,
mas o que deu,
deu divino.

Barcelona, 10 de julhodesamparo, 2004

Dodói

Mesmo eu grande
ela viria cuidar de mim, eu sei.
Viajaria de jeans e blusa florida ou xadrez,
com algum vermelho no quadrado ou no florir, sempre.
Pegava o ônibus da Itapemirim e vinha...
lá do Espírito Santo, do nosso Estado pro meu estado,
minha filha, deita! Você não pode fazer esforço
nem comer sólidos,
eu faço eu faço...
e papinhas e caldos mágicos nasceriam do carinho dela
no fogão meu que já não tem mais baratas,
como aquele que eu tinha quando
ela morreu.
Mesmo eu grande ela viria e me diria contente,
agora sim, filhinha, que casa linda,
e essa geladeira que nem dá choque!
Exclamaria sorridente com as palmas
apertando as bandas de laranja sobre o espremedor...
(Ó unhas vermelhas e decididas, onde estão?)
É espremedor hoje também meu peito

e as bandas dele enchem jarros de lágrimas,
deixando gotas difíceis na peneira do coador.
Não, filha,
você não pode escrever hoje, abaixar a cabeça pode ser hemorrágico.
Mas minha cabeça está ao teu colo implorando cafunés,
atada a uma lembrança de teus dedos entre meus sararás cabelos,
eu estou de couro cabeludo e tudo... a teus pés.
Doem os pontos na gengiva, o osso do maxilar raspado ao vivo,
o canino que perdi e: "*vamos ter que fazer um enxerto no vazio*
deixado pelo canino com um pedaço do palato",
a doutora dentista disse.
Eu perguntei
palato é o céu da boca, não é?
Era e era o que eu temia.
Mesmo eu grande mamãe viria acalmar meu medo
diante de tantos bisturis no meu instrumento brotador de poesia.
Ah, ela vinha, com seu passo de salto marcado em ritmado alvo,
era som de quem sabia aonde ir, não era à deriva.
Mesmo eu grande ela viria trazer-me a vida e a validade do serviço,
ah, a saúde é o mais importante tesouro; sem ela não se pode
gastar as riquezas, minha filha. É melhor sofrer agora e resolver,
do que não ter mais jeito depois...
e puxava uma de suas canções preferidas,
vasculhando com alegria a casa,

{161}

suas plantas estão bem bonitas, hein?
Doem muito meus pontos,
mas doem tanto que me aninho em mim e,
na ausência dela, sinto meu rosto mutilado.
Logo o rosto, um dos lugares de mim
onde mais costumo encontrar o eu.
Choro na minha solidão na sala cheia de flores nos jarros,
que ela mesma sempre mandou pôr.
Se só houver dinheiro para comprar chuchus ou flores, compre as flores.
Elas farão vir os chuchus.
Mesmo eu grande ela viria lá do Espírito Santo
e me encontraria em prantos na sala,
não chora, filha, vai passar.
Vejo as unhas vermelhas nas minhas mãos de agora,
eu sob o edredom, entanguida de frio,
esfregando um pezinho no outro, igualzinho a ela,
ali, só nos gestos,
herdando ela.

Rio, 17 de outubro de 1999

Herança

Há oito anos morria ela, que sem avisos prévios me deixou.
Mãe, invento um longe aonde me escutas,
meus choros, minhas vitórias, minhas lutas.
Não é mais enterro e cadáver o meu fantasma de sua falta.
Agora é branda e linda a memória de seus sorrisos.
Talvez ainda algum arrependimento do que eu deixei de perguntar,
do que eu não disse.
Bela arte do tempo:
o que reverbera hoje não pode mais ser chamado de luto.
Virou só ensinamento.

27 de julho de 2001

Do inventário da boca

a Marly Lages

Minha avó queria cortar minha língua
quando eu tinha só cinco,
por motivo de palavrão.
Mamãe chegara a tempo e me salvara
da violência que eu, menina, pensava consumável.
Minha avó esfregava
urinados lençóis meus
na minha cara,
na minha boca.
Minha avó, coitada,
era muito religiosa
mas nunca ligara uma coisa à outra.
Deus pra ela não estava
em amar com carinho as crianças,
respeitá-las,
encaminhá-las
com afeto e clareza
para a vida crescida.
Deus, ao contrário,

por ser o poder do certo,
estava sim, em oprimi-las.
Dona Maria Antonia
era uma de minhas avós
e fora a primeira vítima do rancor
que eu conheci.
Era severa, rezava muito
e tinha muito incômodo
de a gente ser feliz.
Mandava engolir o choro
depois que batia,
ordenava que o neto oprimido
escolhesse o galho da árvore
sob o qual apanharia,
beliscava nosso corpinho
no meio da missa
quando a gente desobedecia.
Rir não podia, falar, menos ainda,
assobiar ou mastigar hóstias
era inferno na certa,
e acordar achando na vida um gosto bom,
como pode? Ora essa!
Eu, pequenina,

rezava pra Deus do céu me proteger
de eu fazer xixi na cama sem querer;
quem manda nisso, Pai do céu?
Meu aflito coraçãozinho perguntava.
E na mente a voz gravada a responder:
"se acordar molhada, você vai ver!"
Então era aquela tensão:
não beber nada depois das seis,
ir ao banheiro mil vezes
até ficar seca de vez.

Dormia-se.
Capetas nos sonhos,
imagens de perseguições,
prazer esfincteriano de se largar
ali mesmo, sem lei, natural,
de tão perseguido que era na vida real.
E o despertar era um "tinha chovido" na cama
tão inesperado, tão temido,
tão desesperado, tão vaiado
que, pra quem gosta tanto de aplauso,
acordar assim não era mesmo uma glória.
Memória.

{166}

Minha avó esfregava
meus lençóis urinados na minha cara,
pra ver se eu parava,
na minha boca, a louca,
pra ver se me educava.

Quantas vezes ela fez isso?
A terapeuta perguntou.
Eu respondi: incontáveis.
E quando eu disse *incontáveis*
uma lágrima antiga viscosa, lodosa,
viera estrear veterana e nova
na minha mesma cara.
Copiosamente me encachoeirei
da borda dos olhos para o todo.
Nunca chorara por isso depois de grande.
E quanto tempo estivera esse *isso* nos meus recônditos,
na traiçoeira esteira do inconsciente, surdamente,
só fazendo estragos?

Pois, no divã
deixei esse lixo
e só por isso posso aqui hoje sobre isso meditar

e principalmente posso dizer
com a mesma velha boca esse poema,
sem engolir o choro
e sem ter medo de chorar.

Itaúnas, Páscoa fora, 2002

Pelas benditas frutas

Duas meninas pretinhas,
duas meninas bonitinhas
me pedem com olhinhos tristes de desamparo:
tia, dá dois açaí aí?

Eram menininhas,
florezinhas de oito anos cada.
Eram o que fui, o que fomos
eu e minha amiguinha.

Só que eu tinha quintal,
ela era minha vizinha,
eu brincava de casinha,
ela vestia as bonequinhas.

Eu tinha uma mãe que cuidava,
uma avó que cantava,
outra avó que batia,
mas um pai que me amava.

Tinha mais, tinha irmãos de dia,
de noite e até de madrugada.

Duas meninas abandonadas
nas ruas ricas do Leblon
e eu queria dar a elas um outro Brasil,
uma vida bem vivida.
Penso em por onde começar...

Mais que um açaí, penso em dar
uma saída.
Uma saída, meu Deus,
uma saída.

Dois açaís aí, por favor?

Outubro de exército na rua e desamparo, 2002

Susto da sorte

Invadiram a casa.
Marcas violentas de pés agressivos sobre os lençóis
foram dolorosamente encontradas.
Violaram, macularam, vilipendiaram aquele lar,
vasculharam às pressas.
Dólares não encontraram entre as quinquilharias,
joias não distinguiram entre a confusão fuleira das bijuterias.

Se não estava a mãe,
se o filho não estava,
está posto que os tesouros
se encontravam fora da casa.

Rio, outubro de exército na rua e desamparo, 2002

Oração ao sol de amanhã

Preciso sonhar um sonho novo,
preciso saber perder um velho sonho,
preciso gerar um novo sonho
e crer nas sempre novas possibilidades
que o que há de vir me oferece.
Preciso encontrar o que mereço em outro endereço,
e que seja logo, que seja breve.
Preciso daquela esperança de um dia após o outro
que a travessia do tempo me concede.
Ó futuro, não me deserde!

Sampa solidão, maioutono de 2005

Fui eu

a Zezé e Miguel

Gastei muitas lágrimas ontem.
A tristeza *garrou* no pé do meu peito
e não quis largar cedo.
Achou graça em mim,
que sofria de erro,
que sofria por reconhecê-lo
e aquilo doía sem parar de doer.
Se eu pudesse naquele momento
não o identificava,
mudaria rápido de calçada,
só pra não ver o rosto do vacilo,
a face errante daquele filho-ato.
A tristeza remoía o destrambelho,
comemorava o enterro da sensatez
e a pergunta-martelo na alma partida em três,
por que não cuidei?

Queria mudar de calçada
e mudei.
Queria não vê-lo.

Era feio aquele erro.
Queria não reconhecê-lo como meu
e ele gritava do outro lado:
mamãe, sou eu!
(Cala a boca, filho da mãe!)
Eu me envergonhava,
queria transferir o desmantelo,
que não fosse meu,
de minha alçada;
queria dizer:
esse menino não é meu,
é dele,
é dela,
de qualquer transeunte que passava.
Não teve jeito,
o filho da puta era a minha cara!

Só quando for ocaso

"A morte devia ser assim um céu
que pouco a pouco anoitecesse
e a gente nem soubesse que era o fim."
Mário Quintana

Deus, não quero morrer!
Não hoje, não concordo agora, não está nos meus planos.
Tenho muitos sonhos e tarefas de anjo aqui na Terra,
então, Deus, não me tire dela
antes do fim do meu expediente.
Se o dia não acaba ao meio-dia na Terra,
por favor, não me leve dela de repente.
Já que sois Deus por natureza, ou seja, natureza e Deus
ao mesmo tempo, seja então coerente:
não me chame antes que seja chegada a derradeira hora
do meu sol ser só poente.

Goiânia, passando mal, 25 de maio de 2004

Encomenda

Outra vez eu te peço, meu Deus,
dá-me uma noite de sono tranquilo,
a noite que eu preciso pra ajeitar meu caos?
Uma noite de sono liso,
não uma noite de improviso,
dá-me uma noite de sono natural?
Aquela oferecida às crianças que acabaram de mamar,
aquela que, depois do tempo dela,
nem se tem preguiça de acordar.

Ô meu Deus,
hoje eu não peço pelas criancinhas,
nem pela miséria do mundo.
Hoje é miséria mesmo minha,
miseriazinha,
e eu no seu lugar não teria como me negar.
Já leu meu boletim?
Já reparou que eu compareço?
Já viu como eu mereço?

Que nenhuma aula eu perco,
ainda que seja assunto difícil de estudar?

Outra vez, meu Deus, um berço,
sua mão macia a me balançar?
Dá-me ao menos o olhar de Pai,
uma luz acesa,
a garantia para bem sonhar?

Ó meu Deus,
hoje eu não peço pelas vilanias,
nem para o protagonista que deu um passo errante,
hoje eu peço é pela figurante,
e eu no seu poder
não ia demorar em me atender.
Já viu meu passaporte?
Já viu como eu sou forte?
Já viu meu caderno novo cheio de poemas?
Já viu quantas cenas já escrevi pra te agradar?

Nem precisa ser o Deus do céu,
o Deus mandante.
Serve o Deus representante,

um Deus Papai Noel,
que tenha o grande saco de me esperar dormir.
Dá-me uma noite sonolenta
que amanhã entenda seu porvir.
Dá-me, meu Deus, vou insistir,
uma noite calma,
camisola e alma,
de um azul-lilás.
Quero dormir de verdade
na serenidade da velha paz.

E para não te dar trabalho
nem precisa me enviar um anjo,
um assessor tocador de banjo,
nem o seu melhor arcanjo
a me esperar no cais.
Nada!
Dá-me apenas uma boa noite de sono.
Por ora eu te agradeço,
por ora eu me arranjo,
depois eu peço mais.

2003

"Ajuda-me a amar-te sem receio:
a solidão é um campo muito vasto
que não se deve atravessar a sós."

Hilda Hilst

VI

Segundo o desbotamento

Visita da solidão

Passa por mim o velho barco
me convidando
a um mar que não me interessa.
Passa por mim com pressa
esse velho mar
de não ter porto
nem amor
nem braços aonde chegar.
Passa por mim esse velho conhecido mar.
Olho-o com olhos de não quero ir.
Passa por mim a velha estrada de água
onde eu nunca soube bem nadar.
Quero terra firme
e nela andar rente
e de mãos dadas pra todo sempre.
Nunca mais ímpar
nunca mais sem me dar
não quero mais minha mão sozinha
nunca mais sem par.

7 de fevereiro de 2001

Broken heart

Meu coração veio quebrar aqui!
Logo aqui,
no meio do meu sonho,
na hora de ele ser verdade.
Das goiabeiras de Itaquari
à grande maçã,
meu coração veio quebrar aqui.
Valha-me!
Um poema cheio de galhos secos e tristes
insiste em sair agora
de dentro de mim.

Central Park, Nova York, 1998

Pedido de amor

Cuide de nós, meu amor.
Molhe o jardim com tuas poderosas e únicas mãos,
regue com nosso caldo toda a geografia que nos meça.
Descubra o sofrimento atônito do fundo das coisas
e me ofereça o colo, os braços,
as virilhas cheirosas demais.
Dá-me esses pelos adivinháveis
desse plexo que me tonteia,
dá-me o mapa que desde cedo te pedi,
o divertido desenho que me margeia.
Dá-me o leite do porvir
que o hoje nos presenteia.
Cuide de nosso amor,
antúrio, avenca, samambaia.
Polvilhe teus elegantes dedos
nas primaveras das plantas de nossas casas.
Essas que existem na minha e na tua rua,
e essa perene que brilha entre as duas.
Aquela primavera-cigana que se estabelece nas estações,
se instala em todas as pousadas, quartos e cafundós,

se espalha em todos os chalés
e vai do hotel aeroporto, passa na Broadway, Cabo Verde,
Canadá, até o reino de Itaúnas.
Cuide comigo das nossas dunas
onde brincam e crescem nossos meninos,
pra que vença o amor,
pra que triunfe o melhor sentimento.

Porque não é de vento nossa estrada,
embora voe.
Nem é de mentira nossa dor,
embora perdoe.

Casimiro de Abreu, 3 de agosto de 2000

Curta-metragem

Meu amor estava com outra
enquanto eu falava, no palco, um poema para ele.
Vejo o filme de fora:
eu no teatro
ele na cama dela.
A cena me trai e
eu sou trilha sonora dela.

Novembropasmo de 2002

Balançando os pratos

Estou cansada.
Tenho medo de que as agruras
gastem sua importância no meu coração.
Vejo a balança com clareza.
Tento não misturar prato de felicidade
com prato de tristeza;
são guarnições diferentes!
Não é justo que uma ocupe da outra o lugar, de repente.
Ambos existem,
pratos distintos, servidos quentes
ao seu correspondente banquete.
No entanto,
a diferença se funda na porção.
Roubo no jogo
(aposto temperos a mais no prato da felicidade).
Quero-a soberana,
não só na quantidade,
mas, diante da tristeza,
que seja da outra
a melhor qualidade.

26 de novembro de 2002

Surra

A lua me lembra você
e me bate.
É nosso quintal o que brilha
pelos cantos do jardim
que nem chegamos a inaugurar total.
A lua me traz você:
cheiro, boca, beijo, mão, focinho.
Não quero pensar nisso.
Mas não sou eu quem escolhe o enredo,
nem é do meu narrador o caminho.

Te amo.

Quero é você fazendo a barba perto de mim
e a lua lá fora nos combinando,
assim, assim.

Casinha do Jardim Botânico, 22 de novembro de 2004

Vértice

Parece desperdício
parece que me amas escondido
parece orgulho
parece castigo.
Gritos calados revolvem a terra de dentro.
São patas fazendo poeira e dor.

Coitado do amor, logo ele que é filho do encontro,
está sozinho no ponto.
Desencontrou.

Outono de 2005

É poda!

Sem meu amor aqui
aprenderei a podar com facão.
Por enquanto, podei.
Podei, mas de outro jeito,
por enquanto podei, mas foi com a mão.
Espinho por espinho, fui tirando o que não servia mais não.
A roseira respondeu!

Dia anterior, quase morta, a encontrei,
longe de mim o tanto que estive dela,
estive lá longe em outras terras,
enquanto ela, aqui, abatida de secume e solidão.
Rezei então, tratando dela,
uma reza assim:
"Podei a roseira no momento certo,
viajei muitos dias,
aprendendo de vez que se deve esperar
biblicamente pela hora das coisas."
É um dizer de Adélia, por causa de quem,
por esta beleza, deu motivo de eu ganhar a roseira.

A resposta da rosa me deu merecimento
e fui achando que, com amor dentro,
se pode chegar à destreza.
Sem meu amor aqui,
amanhã eu vou pegar meu facão
e cortar rente os galhos puxados
das árvores mais abusadas nas alturas.
Êta, gostava tanto de ver ele labutar com a mata!
Cortar com carinho a galhação,
organizando a ramagem,
sugerindo estrada bonita para a floração.

Ah... como está bela esta roseira neste verão.
Os botões a me prometerem primaveras.
Amanhã vou pegar no facão!

Fevereiro de 2005

Rebanho perdido no paraíso

Sem você a vida não é que seja exatamente ruim,
mas é que fica manca e puxa de uma perna toda beleza.
Então é surda ela de um ouvido
ou, o que não duvido, é cega dos óio.
(Não falo aqui que é incompleto um não portador
de alguma dessas portas do ser.)
Falo, sim, é que sem você me falta algum sentido.
Eu choro, por dentro, nas confeitarias,
choro nos balcões de caldo de cana e também nos balcões de poesia.
Tantos perdões te ofereci,
tantas compreensões te ofertei,
canções que cantei sem alarde nos banheiros em seu nome!
Tolerâncias-rebanho pus no altar de nossas oferendas
e agora, passeiam sem agendas nossos sonhos.
Gados sem vaqueiro percorrem o escuro do pasto.
Lá vão eles, são nossas doces quimeras.
Ovelhas sem rumo, porteira sem tramela.
Ninguém avisou a elas que podia ser de precipício o próximo passo.
Também pudera,
ovelhas pensam que o guia é certo como o sol, ele mesmo, o astro.

{193}

Sem você as noites não me dormem
e eu ao amanhã as repasso.
É toque de recolher e os teimosos sonhos não me obedecem,
não sabem onde repousar,
não desconfiam da presença da sombra e nem sabem se luz há.
Sem você meu verso manco
se descabela procurando destino, algum descampado, tino.
Ora e prega através de poemas lindos
e peregrina nesse mal-estar de te querer sem ressonância,
sem resposta, sem telefonema,
sem mensagens, sem esquema de encontros.
Sem você não faz sentido estrada, terra, canto.
Na casa o retrato vivo está rasgado
pelas afiadas garras de tua ausência.
Nada faz sentido.
E, pela falta desse sentido,
ainda que surda muda cega e mouca,
feito louca, eu canto!

Fevereiro de 2005

Meditação

"Melhor é dar razão a quem perdoa,
melhor é dar perdão a quem perdeu."
Zeca Baleiro

Não mentirei dizendo
que não ligo quando você não liga.
Sou uma espécie de viúva negra a perambular
pelo homem que está vivo.
Alguns passantes amigos dirão,
ou alguém dirá que não é tão trágico assim,
o que eu duvido.
A porta em que bato está fechada.
Alguém de lá grita, almejando a indiferença,
que não há mais ninguém em casa,
que passou, acabou, paciência!
Enquanto isso, perdões querem ainda sair da gaveta.

Deus, é assim?
Caberá sempre ao ferido perdoar?
Ou todo mundo é ferido
e então culpado não há?

Rio, 8 de amargo de 2005

Memória de um silêncio eloquente

Para ti
sempre tive um infinito
estoque de perdão.
Só para ti
perdoei mais que suportava,
mais do que pude.
Minha cerca-limite era sem estatuto,
não tinha um *não* delimitando nada.
Fui perdoando assim de manada
e muitos erros desfilaram me ferindo,
nos interferindo silenciosos,
sem ninguém denunciar.

Perdoa a dor que te causei,
é que você estava há tempos me machucando
e eu não gritei.

Rio de Janeiro triste, 17 de dezembro de 2004

Cristal

"Estala, coração de vidro pintado!"
Álvaro de Campos

Vai ser Natal sem ti.
Parecerá que ri de mim o peru da ceia.
Parecerá que zombam de mim
a farofa, a mesa posta sob o cajueiro
e a taça outra sem sua boca
no cristal da borda.

Vai ser Natal sem ti, sem nossos meninos
em nossa Casinha de Sonho.
Penso ainda em encontrar no ar da casa
o nosso amor lá. Lá no lar.
Mesmo portando a saudade,
mesmo com o coração a estalar!

Estrada para Itaúnas, 17 de dezembro de 2004

Imagem

Ela nua, deitada no chão sobre a toalha,
recebendo o sol a aquecer seu corpo amado agorinha mesmo.
Ele, em pé, também nu e com o antebraço apoiado na janela,
olhava-a.
Apreciava a vista boa concordando com o sol.
Vou passar meus cinco dias de férias contigo,
ele disse, dono do olhar mais doce que a vida pode dar a alguém.

Mas tudo ficara retido
na moldura daquela manhã ardente de sol.

E ficou tudo só naquela vez,
fora só aquela vez,
aquela vez só.

Uma memória de Santa Tereza. Sampa, 7 de março de 2005

Pensamento-noite

Onde andarás?
Com quem estarás
cheiroso e gostoso?
Com quem dormirás?
Meu homem, meu sonho,
com quem sonharás?

Da série Rondó da insônia, 20 de outubro de 2004

Não quero step

Não quero outro olhar
outra boca
outro beijo
não quero outra mão
outra carícia
minha saudade é específica.

23 de abril de 2002

Purgante

É fosco o céu sem Zix.
O brilho freia de brilhar
e afosca meus olhos.
Tudo deu de ofuscar.

Quando o céu era dele
ficava por sua conta
também o verde do meu olhar
no tema do luminoso.

(É... hoje o poema tinha até
querido brincar... mas tosse
e é amargoso o xarope.)

2 de maio de 2005

Minha canção no exílio

"Morrer de amor não é o fim
mas me acaba."
Djavan

Agora, a esta hora, em que a mesa não está mais posta,
choram todas de mim, meu amor.
Foste morar tão longe,
foste para o deserto do fim.

Agora, a esta hora, em que a cama está perfeita e triste,
sem nenhum amarrotado de lençol,
nenhuma gota de amor a manchar o pano,
choro eu,
choram as tardes, chora o piano
e não sei quem de nós chora mais ou primeiro.
Sei que sem você estou sem pátria,
sem você estou sem graça,
perambulante entre a sala, o corredor e o banheiro.

Sem você não tem nada,
nem Rio de Janeiro.

Rio, 24 de março de 2005

Grito de sussurro

Que não me ouçam agora
os que só me veem cantar a alegria viva,
os que só me veem louvar
o tempo vivido de peito aberto e destemido.

O que tenho é medo agora.
Sem você meus dias são sem motivo.
(Psssssssiu... falem baixo,
que não me ouçam os inimigos.)

29 de julho de 2005

a casa da ausência

No reino da solidão pernoito.
Passo pelo seu escritório e
a maquiagem não convence:
está você, grita você.
Passo pelo quarto dos meninos e lá estão eles,
minha família querida perdida nas confusões do amor.
Passo pela cama nossa,
você não está,
vou dormir,
mas eu também não estou.

Agosto ausente de 2004

Meu reino por esta noite na fazenda!

a Fred e Lacy

É madrugada e é Pouso Alto.
Pontuais, os sapos festejam,
com seu barítono batráquio,
a chuva recente.
As crianças dormem.
Bebo Lua Cheia
e Zix passeia com Fred
a cavalo na madrugada
sagrada da fazenda.
Lacy dorme deixando prontas
muitas velas lindas,
a arte parafina dela.
Escrevo em agradecimento a esta vida
e a Georgina por ter me passado o fogão de lenha
como um bastão, e junto dele
a incumbência fervente e mandiocante da sopa da tarde.
(Merda. É mentira.
Estou é na cidade e isso é quando
meu peito de saudade pira.
É mentira!)

Urbanoabril, 2005

Foragido

Chego em casa,
cansado que seja,
lá está ela a me esperar, garbosa, gostosa,
na cama com um copo de gelada cerveja.
Não aceito.
Quer falar, não escuto,
quer me abraçar, me desvencilho,
dormir comigo quer,
quer me comer, sou seu grão, seu milho.
Ela quer me foder,
eu não deixo, juro!
Marca encontro, furo.

Passei as últimas semanas com ela
e estou confuso.
Ah, muda lágrima, lesma invisível que me mareja
e não sei nadar nesse mar.
Bebo pra me drogar e dormir.
Funciona três horas.
Às quatro, de quatro, ela me futuca e olha.

Quer me induzir a chorar.
E consegue.
Se eu fujo, ela me segue.
Desmaio de sono e tristeza e sem notar.
Devo ter sofrido um orgasmo de dor
porque o último som do qual me lembro
era o de soluçar.

Acordo, e ela já está lá,
multiplicada, clonada demais:
ela na cabeceira, nos pés da cama,
nos banheiros, na gaveta de pijama,
nas caixinhas sobre as prateleiras.
Ela, a que me invadiu a noite inteira,
sem nem aos sonhos respeitar.
É ela a me convidar a nublar o dia.
Fugi.
Fui à praia, me diverti.

Volto e é ela a me abrir a porta,
está me esperando pra dela me castigar.
VOU PRO SAMBA!
Falei alto, que era pra ela escutar.
Enquanto ela não acreditava,

me vesti bonita, chamei Paulinho Moska,
e fui feito louca, disponível pra dançar.
Cantei, sambei, mexi até o sol quase querer raiar.

Desde esse dia nunca tive mais
medo de a tristeza me encontrar.
Marquei, para garantir, comigo,
sambas consecutivos,
sambas anticonceptivos
de melancolia que quer ficar.
Desde esse dia não teve mais jeito
de ela me achar.

Agora olho, vejo, medito
e concluo:
que beleza,
dei um perdido na tristeza!

Noite nova, fimdinverno, 10 de agosto de 2005

Eis amor

Ex-amor, respeite os nossos segredos,
respeite os nossos enredos,
os versos que eu te dei,
o amor lindo que vivemos, ex-amor.

Eis amor: os caminhos, os teus rios,
nossas diferenças,
nossas perdas,
nossas recompensas.
Ninguém sabe para onde vamos,
nem tampouco há alguma sentença.

Escrevo estes versos por respeito
aos versos que me deste, ex-amor.
Te agradeço, grande inspirador,
ainda que sejam estes
os últimos versos que eu te dou.

27 de abril de 2004

"...Luz, quero luz, sei que além das cortinas
são palcos aquis, infinitas cortinas com palcos atrás.
Arranca vida, estufa veia
e pulsa pulsa pulsa pulsa pulsa mais!
Mais, quero mais,
nem que todos os barcos recolham ao cais
e os faróis da costeira me lancem sinais,
arranca vida, estufa vela
Me leva leva longe longe leva mais!"

Chico Buarque

VII
Vida
(acabamentos e restaurações)

Porque quando tudo parece me faltar,
a liberdade me dá colo

{213}

Vida-ateliê

Pouca gente se dá conta
mas estamos preparando
sem pensar e aos poucos,
sem saber e sempre
a nossa máscara da velhice.
Estamos, durante a vida,
desde meninos,
esculpindo talhe a talhe,
a forma da escultura
na qual teremos resultado.
Estamos preparando a mostra,
o vernissage do nosso rosto definitivo.
Seremos, no desfecho,
a cara com as linhas da coroa
e vice-versa.
Nosso avesso lá estará;
no hidrográfico bordado dos rios do riso
e dos rios do sofrimento.
Estamos, em nosso caderno de rosto,
grafitando nosso mapa.

{215}

Nossos espasmos e anemias,
nossos impulsos e paralisias estarão lá.
Toda postura do corpo,
toda vivência-curva da coluna,
todo pescoço engessado,
todo medo,
todo peito empinado,
toda pélvica e espalhada felicidade
estarão na síntese desse rosto.
Estamos preparando a face
que testemunhará o que fizemos de nossas vidas
e com ela dormiremos na eternidade.
Estamos, durante a vida, germinando
o último espelho.
Sem perceber,
temos pincéis, tintas, milhares de cores, misturas e matizes
na palheta, amores, goivas, solventes, dores, telas, formões,
aquarelas e lápis nas mãos.
Tecelãos do cotidiano, estamos urdindo a trama,
estamos tramando o nosso rosto final.
Quem sabe não se revele um traço confinando a boca
a um ataúde do "contrariado"? Aquela boca em "U" invertido,
para baixo, com os cantos caídos.
Boca de quem não protestou em verbo

e cuja ebulição zangada e silenciosa
passou para todos apenas como mimo
ou mero descontentamento.
Estamos, durante o enredo,
desenhando a testa com preocupações, ocupações,
ócios, diversões ou horas de aconchego.
Esculpindo estamos o rosto
que será a nossa cara dos capítulos finais.
Essa cara-identidade, cujo rascunho valeu
e cujo ensaio valerá,
representará, na eternidade do brilho do olhar,
nossa capacidade de estreia,
nossa habilidade em diluir rancores,
em transformar dissabores em aprendizado.
Tempestades e bonanças ilustram bem a empreitada.
Lágrimas só de dor e desgosto vincam com facilidade o rosto,
aquele cujo sujeito, dono do corpo,
eleja o sacrifício às gargalhadas da alegria vindas do coração.
Essas remoçam, coram as bochechas
como um rouge natural,
fazem boas marcas em torno da boca
e ainda reforçam o tal brilho do olhar.
Já o amor, é ótimo pirógrafo (que palavra linda!)
marca nele sulcos de toda sorte.

Noites e dias de um tempo bem passado
também contam na construção do retrato.
Mas, cuidado: fotogênica e triste,
a amargura produz vincos fundos,
tatuando-se fácil na estampa de quem não soube
chorar de alegria, nos olhos de quem não soube perdoar,
no nariz de quem não sentiu o cheiro do amor
nos lençóis, nos temperos,
na boca de quem nunca pôde dizer bom-dia.

(Quero para mim uma simpatia generosa
pregada no rosto de minha velhice.
Quero olhos vivos de novidades
que sorriam sempre,
quero rugas de bons e repetidos gestos
de contemplação, indignação,
revolução e contentamento.
Quero no meu rosto o bom retrato falado
de cada vão momento:
na cama com amor,
na mesa com os filhos,
no bar com os amigos,
na noite sobre o travesseiro de macela,
nas festas e nos saraus com os cúmplices do caminho,

nas decisões sensatas de trabalho...
tudo isso o rosto fotografa
e eu quero nele essas fotografias.)

Seremos o nosso porta-retrato
e já estamos portando essa tela.
Nela estará certamente uma verdade anterior
à superestimação
dos bisturis periféricos da vaidade,
que nada podem contra o que se viveu,
o como se viveu.
Pois, o que projeta define e esculpe a face
é o que nos cabe diariamente:
a gestão dos nossos acontecimentos,
a quantidade de natureza que se experimentou,
as doses de buzinas urbanas,
os saldos de banco, sonhos e mugidos atingidos na longa jornada.
Isso é o que importará,
os acontecimentinhos diários,
a quantidade de arroz soltinho que se fez durante a lida,
o tempero de alho do feijão amoroso,
o gozo junto ao companheiro,
tudo vai pra conta da cara da velhice,
tudo vai pra lá.

Nosso rosto de velhos
é o nosso último boletim na escola da vida,
e a expressão que tiver, afinal,
será nossa obra de arte,
nossa prova dos nove,
nossa prova real.
Com mais porção disso ou daquilo,
de atenção ou descaso,
será com esse espelho final,
de vitória ou de arraso,
que desfilaremos
sob a ilustre iluminação do ocaso.

Itaúnas, 3 de março de 2003

a conta do sonho

Quanto custa um sonho?
Alguma coisa ele sempre custa.
Muitas vezes muitas coisas ele custa,
outras vezes outros sonhos ele custa.
Não importam os percalços, os sacrifícios,
os espinhosos enredos.
Não importa.
Uma vez vivido,
o sonho está sempre num ótimo preço!

Boi tenho

Tá certo,
não nasci na roça, é certo, como Drummond e outros bois.
Nem como o Ignácio foi,
criado nos pampas entre queijos,
bombachas e bostas de vaca brindando o chão.
Não.
Mas vim do subúrbio, onde finquei infância,
e lá havia um jeito de ser vizinho
que, só de hoje eu lembrar, vai me fazer morrer comovida
com a cena de uma xícara de açúcar emprestado
pra completar o ingrediente.
Gente, não nasci na roça,
mas tinha padeiro com pães nas tardes quietas,
combinando com o vime da cesta e aquele cheiro morno
anunciando passado recente de forno
e mãos amorosas na boa massa.
Não nasci na roça,
mas peguei muita fruta no pé,
trepei em árvore e chupei, de escorrer pelos antebraços,
manga-rosa de todo tamanho e tipo.

{222}

Sou do tipo que se fosse uma laranja seria seleta,
tamanha fora a festa daquele caldo em mim.
Não nasci na roça, tá certo, mas todo mundo tinha uma roça
dentro: nas quermesses, nas procissões, nos pregões dos verdurei-
ros, no badalar do sino da igreja, futebol no rádio de pilha, gritos
de criança, assobios de passarinho,
tudo isso dentro da aquarela das manhãs.
Cana, por exemplo, era uma geometria
cortada meticulosamente por minha vó Maria,
e a frente do aventalzinho do vestido da gente
virava uma cestinha de pano carregando aquele conjunto.
Tinha horta, galinha, dona Helena do padre,
que levantava bem a bunda ao se
dobrar pra colher coentro e salsinha.
Levantava a bunda por vício
de o padre tanto pedir tempero, eu acho.

Tinha pouca coisa pronta e nenhuma congelada,
então bicho se matava em casa,
frango, porco, peru, e se via o crime.
Não tinha curtume, é certo,
mas tinha o costume de se ouvir o Ângelus,
que era a Ave-maria das seis horas, e depois jantar.
Era bom!

{223}

Rádio, luz fraca que faltava sempre, praça, desobediências...
Não nasci na roça, tá certo.
Mas vi de perto, e sei que isso é um episódio raro,
seu Aurélio, o leiteiro, dando de comer banana pelo nariz
ao pobre do cavalo.
Tá certo, tá certo,
não nasci na roça,
mas pôr de sol e céu estrelado de ofuscar e embrilhar os olhos
eu sempre vi de perto.

Foi esse o meu rebanho iniciático:
essa infância sortida de subúrbio,
essa roça paralelepípeda com intervalos
de terra vermelha e tanajuras.
Uma jura que fincou metáfora de boi na minha história
e deu este tipo de pasto à minha memória.

10 de maio de 2001

O nome do tesouro

O grande tesouro é cada um!
Você é o seu tesouro e seu natural explorador.
É preciso decifrar o mapa e saber que tesouros são variados:
tem tesouro só de ouro
tem tesouro só de prata
tem tesouro só de diamante
tem tesouro que é legítimo
tem tesouro que é pirata
só de pedra preciosa
só de rima
só de prosa
só de quadros preferidos
só de vinhos
só de rosa
só do que acho que é lindo
só do que é bem-vindo.
Tem tesouro que, escondido,
está bordado nos sentidos
e a gente não vê não escuta
não fareja não degusta não sente

tem tesouro safado
tem tesouro inocente
há os tesouros ilustres
e há ilustres embustes.
"Conhece-te a ti mesmo" é excelente dica
para se saber o segredo da esfinge
mas há tesouro de verdade
e há tesouro que finge
há tesouro que é louro
mas há tesouro que tinge
há tesouro que nada alcança
há tesouro a que nada atinge.
É esse o desafio, conhecer-se:
sua casa seus corredores seus vãos suas janelas
suas cortinas suas panelas seus esconderijos
os amigos dessa casa seus sabotadores
suas maravilhas seus horrores.
Pois que pode ser que no meio do baú
encontre-se junto à riqueza algum mato
algum ferro velho algum carcomido casco de navio
algum joio algum lodo alguma lama com certeza
o lixo ao lado do luxo
e é nosso o trabalho de escolhas.
Um trabalho fundo eterno e constante

há tesouro que é certo
há tesouro que é errante
mas a boa-nova é que tudo tem jeito
porque todo tesouro é mutante.

São Paulo, 29 de março de 2004

acabamentos e restaurações no barro da gente

"É o verdureeroo!"
Aqui tem ele vendendo almeirão, coentro, cebolinha,
taioba, couvezinha fresca, alface com gosto de horta
e outras verdudes na porta da gente.
Pregão delicioso das manhãs!
Eu atravesso o lago dourado que aparece
no meio da travessia quente.
Como um oásis, um mimo das dunas,
uma delicadeza delas com os nossos pés tolerantes,
amorosos ao seu calor.
É um "lava-pés" na cerimônia do deserto!
Aqui passarinho me acorda e me nina,
sem contar que tenho mais convívio com insetos,
o que abranda minha frescura de cidade.
Reencontro formigas cabeçudas, embora ainda não tenha revisto
as tenebrosas tanajuras que sucedem as chuvas.

{228}

Todo dia faço tudo de bicicleta!
Bicicleta aqui entendida como transporte
e passeio.
No caminho para Riacho Doce
passamos por uma casa-teia de aranha
que mais parecia uma mansão,
tamanho era o seu tamanho e o rebuscado de sofisticado tear.
Os olhos divertidos do meu amor batizaram-na imediatamente:
é o clã dos Mascaranhas!
Eu ri.
Aqui o areado das panelas, espelho meu, me comove.
No último dia do ano se pode ganhar um jardim de presente aqui.
Um jardim reluzente de amarelas alamandras
e marias-sem-vergonha da cor lilás
(lilás a maria, não a vergonha).
Fora isso o que se dera comigo.
Aqui reencontro pitadas de minha infância,
pinceladas finais, restaurações.
Reencontro vizinhanças onde todos têm quintal e há sempre
uma dona Cleusa, dona dos ovos que saem de suas galinhas,
para vendê-los ou ofertá-los a nós.
Aqui levo acabamentos no meu barro primeiro.
Recebo retoques necessaríssimos
nas camadas que se esfolam na urbanidade.

Não trago pra cá a cidade,
nem é com ela que venho pra roça.
Mas, atualizada de roça
e remoçada,
levo comigo pra cidade,
no meio do peito,
um novo jeito:
essa roça.

Itaúnas, 12 de fevereiro de 2002

Canção pra João

Fechei as cortinas azul e amarela
da sala pra o sol não acordar
meu João tão de manhã.
Esse menino tem amanhecimento de hortelã!
A gente periga de encontrar
orvalhinho na pele lavoura dele.
Beija-flores eu tivesse,
galos estivessem à mão,
pássaros de estação
com possibilidade de relógio
eu tivesse,
não me importariam fechaduras,
ou aberturas de cortinas.
Mato fosse, seria piamente
(no sentido de pio) natural
a sua aurora.
Mas como é cidade aqui,
agora zelo pelo sono
e pelo acordar de João.
Um menino natureza,

um menino coração.
Dorme continuando o sonho,
construtor que ele é do mesmo.
Porque mesmo acordado
é sonho vivido na fonte
a vida desse João.

19 de outubro de 2001

Noite cá

in memoriam

Tenho uma Noite ocasional comigo.
Uma Noite que só de tempos em tempos é minha.
A dona dela mesmo não sou eu.
A oficial é Kátia, única dentista da Vila.
Explico:
Noite é uma cadela linda, negra, coroa já,
com fios brancos ao redor do focinho e muito, muito boa pessoa.
Companheira afetuosa, de cujo ventre
brotaram incontáveis gerações.
Trata-se de uma cachorra com muitos namorados, muitos cios,
muitos uivos, muitas luas, muitos desesperos entre as pernas,
muitos parceiros... quer dizer,
essa Noite é uma cachorra mesmo!
Mas é uma cachorra senhora, uma cachorra vovó.
De vez em quando ela é nossa, da casinha de Itaúnas.
Uma joia de casinha!
Uma casinha que honra a palavra.

Noite de Natal, quem nos aparece uma vez? Noite.
Chegou com sons humanos,

{233}

batidas delicadas e decididas no portão.
Eram as patas da Noite.
Que Noite linda, que Noite bela!
Viera comer os ossos do peru como uma convidada,
uma vizinha amada,
uma Martinha.
Todo mundo comia carne sem duvidar:
eram os ossos da Noite.

Dessa vez a cidade chamara depressa os meus
e a Noite pela primeira vez era só minha.
Apesar de vivida e um pouco cansada dos pelos dos anos,
ela ainda pula o muro com facilidade e late com muita moral!
Tem muita determinação no que sobrara dos dentes.
Devo dizer que Noite é uma cã valente,
que só tem medo mesmo é de trovão e de fogos de artifício.
É alerta.
Oferece orelhas despertas pra qualquer evento
e é ao mesmo tempo uma cadela calma.
Você vai rir de mim...
mas Noite parece que tem alma!
Se tem!
Me segue como amiga na bicicleta
e dorme no meu jardim, no meu pomar.

Passamos a noite assim: eu lá dentro e Noite lá fora,
como deve ser, vigilante mãe da casa que ela é.
Ela entende o esquema.
É assim, Noite lá fora e eu aqui dentro escrevendo poema.

Noite ocasional é uma que é só de vez em quando que ela é minha.
Mas também quando é, é de verdade e é muito. É todinha.
De vez em quando, como você sabe,
é uma coisa também contínua, mas muito longe do sempre.
Pois dessa *vez em quando* Kátia só volta depois que eu for.
Dessa vez a Noite será só minha até o fim, como um presente.

Minha Noite linda, meu pertencimento real,
que acende minhas vésperas, que me renasce menina,
minha Noite de Natal!

Verãosóascachorras, Vila de Itaúnas, 2003

Só as cachorras

São fêmeas e correm animadas pelas ruas entre o perigo dos carros.
São fêmeas e se ocorrem vitais e urbanas, não são feitas de barro.
Existem agitadas, excitadas, ansiosas, assanhadas,
carinhosas e quase crianças ainda.
São meninas lindas!
Cada uma portando sua beleza e morando no Rio de Janeiro.
Flora é alta, garbosa, mas traz doçura,
nobreza e humildade nos olhos verdes, moles e mel.
Uma coisa! Aquela textura macia meio caramelada, meio ocre,
meio sépia, meio mostarda na pele, sobre a musculatura definida.
Flora é mesmo uma fêmea ajeitada.
Já Pérola é negra, magra, carente, bonita e bastarda.
É mais nervosa, mais desequilibrada, mais vira-lata,
imprevisível, os olhos mais tristes e trota meio de lado,
exibindo o peito vistoso vestido de branco-colete muito nobre,
parece um veludo brilhoso de escuridão.
Há um lado nela meio abandonado, meio pobre, meio sem-terra,
mas é uma figura interessante, tanto é que o rabo é que balança ela.
Pérola veio das mãos do Pablo,
Flora do Carlos.

Chegaram quase juntas na data daquele recente.
Ambas vieram a nós como presentes.
Sempre foram alegres, inocentes, analfabetas e inteligentes,
a gente conversa com elas e é o mesmo que fosse com gente.
Agora as duas e seus latidos, suas vozes, seus rosnados, seus alaridos
sorrisos e cios deixaram o *de janeiro* e
foram morar só à beira do rio.
Foram para o reino de Itaúnas,
foram morar lá,
foram morar no colo das dunas,
foram viver no meu sonho,
sob as ordens do mar.
Deixaram o caos da cidade,
tiveram a felicidade de, em vida,
à natureza retornar.

Flora e Pérola...
ai, que inveja que eu tenho dessas cachorras
ai, que inveja que eu tenho delas:
estão felizes, pacificadas pelas tardes e pelo poder da terra,
estão serenas as belas.
Ai, que inveja que tem dessas fêmeas calmas e leves
esta cadela que escreve.

Itaúnas, primeiro de setembro de 2005

Dose de oásis

Gosto de acordar na manhãzinha
ou mesmo no meio da noite
pra brincar de deserto:
com a boca muito seca,
vou me arrastando do outro extremo da cama,
sob os densos lençóis de areia imaginária,
até o copo, a moringa, o cáctus
a ser rompido sobre o criado-mudo do outro lado.
Longe.
A cama vasta, a garganta seca e
o pensamento implorando:
água água água...
mais um pouco...
a mão estendida,
água água água...
até alcançá-la vitoriosa,
derramá-la por dentro.

Fecho os olhos para beber,
pra só sentir,

pra nada haver,
a não ser o prazer de beber.
O tato da goela se refestela sob o manto da sagrada.

Volto pra dormir de novo,
me recolho à outra margem da cama para acordar outra vez
com vida inédita e assanhamento de viver.
Com sede, uma nova sede.

Gosto de acordar de noite pra beber água.
Com ela molho os sonhos,
por ela atravesso, risonho e pedinte,
o deserto,
o meu Saara.
Porque água me cura,
porque água me sara.

Santos, 13 de março de 1999

O destino do presente

Muito pontuais as flores chegaram ao teatro
vindas de um cavalheiro.
Eram rosas-vermelhas com flores mistas,
do campo ao cerrado, cheirosíssimas,
variadas e vindas de uma ordem dada
a três mil quilômetros daqui. Cinco mil, talvez, não sei.
Sei que isso é o poder da vontade!
Uma demonstração até tímida do que pode o amor alcançar,
encontrar, envolver, esteja seu doador onde estiver.

À imagem de um deus,
um homem pode mandar um raio
com destino à escuridão distante,
uma chuva para um sertão berrante,
um sim para um caminho errante,
um jato frio, uma palavra má
que atravesse o país e apague a chama,
ou um buquê que atravesse o mesmo país
e enfeite e agrade
o coração de uma dama.

Suicidas invisíveis

São jovens senhores e senhoras
se despedindo dos agoras.
Desembarcam da vida
antes que se cumpra o destino,
antes de escrito o percurso,
sem giletes, sem tiros,
sem cortar os pulsos,
sem se jogar dos edifícios,
sem abrir o gás
dão pra trás na lida,
focados no passado e suas dores,
no pretérito de suas frustrações,
no fungo dos rancores.
Esses personagens e suas ações
vão dando cabo do viver,
começam a produzir a morte
e ninguém vê.

Diante da televisão,
presos à Internet,

cativos de shoppings e dopings,
eliminam todos os confetes,
desconsideram as comemorações para o novo dia,
odeiam vésperas de alegria,
desprezam os inoportunos sóis
que anunciam que a vida continua.

Sem cartas, sem avisos,
sem marquises,
sem os comprimidos assassinos
e seus vidros vazios ao lado,
escolhem o lado do dado
que não tem jogada nenhuma.

Os suicidas invisíveis
veem esmola na cara do carinho,
não suportam a esperança do vizinho,
matam-se devagarinho
no meio da sala,
na mesa do jantar,
diante dos hambúrgueres,
atrás das taças transparentes de vinho
e ninguém ora.
Sem alarme, sem chavão,

{242}

sem investigação,
o suicida invisível
não sai no jornal
nem passa na televisão.

Não virá o baile,
não virá o passeio,
o cinema,
o novo amigo,
o encontro,
a compreensão.

O suicida invisível
se mata na nossa cara
e, como não se nota,
não se pede explicação.
Aperta o botão da morte,
encerra sua condição,
sai antes do fim do filme,
antes de acabar a sessão.

O amor não virá,
não virá a felicidade
em sua homeopática e antipática dose.

Virá talvez o mais rápido possível
algum câncer ou trombose,
alguma artrose de falta de movimento,
filha da falta de caminho.
O beijo não virá,
não virá o sonho realizado aos pouquinhos.

Os suicidas invisíveis
dizem com o seu "não bom dia",
com seu rancor,
com o seu medo,
com o seu horror:
eu estou me matando agora.

E ninguém liga
e ninguém para
e ninguém olha
e ninguém chora.

São Paulo, 14 de junho de 2001

Em face da face roubada

Deu tudo certo,
diz franzindo a testa
e dirigindo para baixo os cantos da boca, caidamente.
Que poema lindo!
Ecoa essa frase sem correspondência na expressão
de nojo e desaprovação.

É triste ver uma louvação
perdida numa cara que não a traduz.
Fica fria e contraditória toda intenção daquele verbo
quando ao negá-lo ela se reduz.

É quando a tristeza,
porque nada mais a afanar teria,
rouba, por fim,
a linda cara da alegria.

Quase verão, 2003

O maior espetáculo da Terra

O pássaro voa sobre o céu aberto,
várias alturas ousadas alçam muitas aves.
Algumas, riscando o mar,
brincam de aeroporto e decolam
nas ondas das águas e dos ares.
Mas há asas e voar não é perigo.
É mais que isso,
voar é no corpo do pássaro
uma forma de pensamento.
Poderia citar todos os animais
e seus lugares de existir
e tudo seria admissível
na linha do seu ir e vir.
Mas o homem não.
Sem garantia, se equilibra
no fio do seu pensamento.
Sem que tenha asas, voa
e sem limite de aventura
até da natureza caçoa.
Equilibrista,

se apodera dos seus sonhos
e de suas inesperadas iscas
e vai rebolando no bambolê das pistas.
Elabora, passa o mundo em revista,
mas seu conteúdo chora
porque tem medo do risco.
O risco!
Logo o risco, meu Deus,
que é pai de tantas vitórias
sobre tantos reclames!
Bailarino do arame,
homem que se consome
no erro crasso da mesquinharia,
da mentirosa segurança
de que o mundo é sempre reto
e as coisas imutáveis certinhas
e sem alquimias.
Mas, diante do susto
da mutante verdade,
se equilibra no andaime que construiu
e que sem sua criativa ousadia
jamais existiria.
Trapezistas de trapézios inusitados,
nos vemos na mão do destino

como se dele não fôssemos também autores.
Senhoras e senhores da jornada
geramos no mundo nossa ninhada
e com ela o nosso projeto,
nossa luta.
Porém, é certo que nos volta com força bruta
o ordinário fato
de não pensarmos no que virá
depois do nosso simples ato.
Porque pertence ao homem a habilidade
de ser sujeito transformador,
de realizar todo dia
o seu show de competência,
engolindo o fogo do orgulho,
se esquivando do atirador de facas,
domando os problemas que rugem,
podando os pelos da dona Insegurança,
essa mulher barbada.
Mas, respeitável público,
o show não pode parar!
Às vezes dói viver,
às vezes dá preguiça de continuar,
quando nos esquecemos
que somos os construtores

do tal arame onde andamos,
quando nos esquecemos que somos
o motorneiro, o piloto, o barqueiro,
o motorista e o garoto que gira o pião,
que chuta a bola, que mira o gol,
que gira o leme, que conduz o trem,
o diretor e o ator que apresentam este espetáculo.
Poderoso é o homem com seus esclarecimentos
sobre o evento vida.
Poderosa é a vida
sobre o homem que não a tem esclarecida.
Para o homem basta um dia.
Um dia de coragem.
Um dia de luz.
Uma atitude pode mudar
a qualidade do seu trabalho,
do seu cotidiano
e da sua história.
O seu relógio pode ser o tempo
que não desperdiça glórias,
liberto de autopiedades,
com faróis que o projetem
para além das idades.
Que o homem arquitete pilares

{249}

brindando à realidade vindoura,
que a chuva de aplausos ou vaias
fertilize novos frutos
seguindo a lógica da lavoura:
O que cresceu?
O que é que eu faço?
O que tenho que molhar sempre?
O que é que eu levo?
O que é que eu passo?
Não disfarço.
O homem é o dono do homem.
Deus é cúmplice
no livre-arbítrio do picadeiro
desse espaço.
Escolhe o alvo,
o salto
e os movimentos
no desprendimento que precisará
para atirar-se
nos braços do outro,
na confiança no trapezista ao lado.
Mágico, com surpresas únicas na cartola,
com o suprimento intransferível
de ser original e não simples xerox,

reprodução,
papel-carbono de mais um animal,
em um segundo ele muda tudo.
De lenço para pombas,
de pequeno para colossal.
Acrobata,
dono do seu corpo no mundo.
Malabarista,
com uma civilização de pratos
nas mãos e nos ares,
esse homem escolhe a fera:
pode levar ética ao circo ou
apodrecer preso,
como um mico, e sem ela.
Contorcionista,
se digladia
entre a angústia,
o medo,
a depressão,
a paralisia dos quais
só o seu talento o salvaria
e o salvará:
ergue-se então este homem flexível
e não mais adia.

Ao contrário,
se apropria de
seus reais valores,
suas oportunidades,
sua criatividade
sua alegria.
Aqui está o homem:
ave rara de todos os céus,
soberano sujeito de suas possibilidades,
criança sorridente,
domador de seus passos
e ao mesmo tempo palhaço,
estendendo seus sublimes braços,
tentáculos no universo
sobre a lona dessa esfera,
para ser, se quiser, o maior espetáculo da Terra.

13 de novembro de 2001

Criador e criatura

Quando se pensa profundamente e como gente grande
sobre a operacionalidade da existência de Deus,
a fé não dura nem mais um pio e conclui-se logo:
Deus não existe!
Pois, como pode o mesmo homem
cuidar de todos os corpos e suas saúdes,
de todas as almas e suas angústias?
Todos os desejos e seus requintes,
todos os amores e seus riscos,
todos os filhos e seus perigos,
todos os medos e principalmente o da morte?
Como pode um só ser acolher toda a humanidade que sofre
e ainda resolver a parte que cabe a Deus dos seus destinos
(que é sempre a do desfecho)?
Só um Deus poderia fazê-lo
e o faz por sê-lo.

Mas se não fosse Deus,
que nome daríamos ao acaso?
A quem chamaríamos amparo?

A quem beijaríamos como excelente pintor de cores e matizes
nos vernissages múltiplos das tardes,
dos amanheceres e dos crepúsculos?
Quem seria o cobertor solvente de nosso medo irascível?
Quem seria o senhor do impossível,
o motorista que muda o rumo da impossibilidade?
Quem seria o arguto alfaiate para a roupa justa dos nossos sonhos?
Quem seria o medonho punidor dos nossos pecados inconfessáveis,
com sua cota de céus-perdões e sua munição de infernos?
Quem seria o moderno maquinista do mesmo trem,
com tantas linhas cruzadas no universo inteiro?
Quem seria o valente marinheiro a nos conduzir em mar revolto?
Quem seria o exposto a tragédias e tempestades
antes de nós ou a nosso fundo?
E a quem agradeceríamos, salvos neste mundo, em meio à calmaria?
Ah, se não tivéssemos inventado Deus, meu Deus,
quem nos inventaria?

Trem de Elche para Barcelona, 11 de maio de 2000

às escadarias

a Tavinho Teixeira

A brisa delicada me chama
para ver a beleza da tarde
caindo pela janela.
Meu coração está feridinho.
Longe de ser de morte,
o golpe me tirou, muito rente da carne,
a crosta de ilusão que o encobria.
Uma foda animal
fez uma poda radical na árvore do meu amor.
Uma foda de rua deu-me chifres no telhado do lar
e eu não sei agora
onde achar uma ética única e geral que reja as relações do amor.
Cada qual é uma,
cada qual com seu valor.
Um calor molha a minha blusa,
revela os bicos assustados dos peitos acostumados
à devoção.
Mas, espera!
Penso que tenho intimidades com as escadarias do perdão,
conheço a estrada,

aliso há anos esse corrimão.
A brisa delicada me beija o rosto,
me reconhecendo,
me flagrando pensando estes versos no meio da sala.
A brisa encontra-me desarmada,
embora triste.
Vê o nome do amor na árvore frondosa,
sofrendo de uma poda mal dada,
desferida sem cuidado num importante galho.
Aceito no entanto seu convite,
(ai de quem recuse convite de brisa).
Senti seus dedos refrescantes
me levando até a janela.
Seu sopro,
seu bafo alegre,
e lá estava firme e bela,
a tarde caindo para dar passagem à noite,
talvez nublada,
talvez estrelada.
Anoiteceria,
mas para a tarde não importava.
Na hora certa,
lá estava a tarde me ensinando a cair,
sem sofrer,

me ensinando a pôr-me bela,
como quem larga um pouco as rédeas da vida
e deixa a vida jogar o seu jogo,
tantas vezes grandioso,
e tantas vezes minúsculo.

O convite da brisa
me deu foi lição de crepúsculo.

Leblontriste, 26 de novembro de 2002

Mar adentro

É preciso chorar.
As lágrimas são a chuva da gente,
nuvens do nosso tempo íntimo precisam desabar.
É preciso chorar
lágrimas são os rios do ser,
as cachoeiras da gente,
mudam nosso tempo simples,
atualizam o nosso mar.
É preciso chorar,
é preciso à natureza copiar,
é preciso aliviar e molhar a seca do coração.

Se não chover vira sertão,
morre homem,
morre gado,
morre plantação.

16 de maio de 2001

Explicação

para o Zix

Meu amor,
todo criador
tem seu silêncio,
seu tempo de degredo,
que é sua hora de segredo.
Todo criador redunde Deus
e aí vira mistério.
Redes neurais, emoção, memória, cérebro,
todo o elenco em um, se acontece em poderoso ministério
no evento da criação.
E toda gente que está ao lado
e todo possível público de então
não percebe nada dos óvulos desta geração;
veem as chamas, as luzes,
os fogos no céu estourados,
mas não veem a brasa.
Criar é uma explosão muda no que antes era nada!
O barulho que faz é o mesmo da fecundação...
silêncio então.

Meu amor,
todo criador quando cria
está na sua hora de intransferível segredo,
uma hora solitária,
hora de gozo e ao mesmo tempo de espeto.
Todo criador enquanto cria
está no seu sublime momento
de Gepeto.

Rio, 19 de dezembro de 2000

Deus, modalidades

Quando caminho pela manhã
no colo do dia fresquinho
novinho em folha
com azul no céu
e música de passarinho
quem olha
não vê quem me leva
quem olha pensa que é o vento que me levou.

Ninguém conhece minha reza,
é no colo de Deus que eu vou.

Tarde calma carioca de outono, 2002

Por causa dela me criei transparente,
corri risco, briguei com grandes e defendi inocentes.
Agitei bastante, por ela,
as porções de ingredientes do conhecimento antes de usar.
Por ela, e em sua confiança, me lancei na estrada nebulosa
e definida do sonho;
estrada que só a esperança constrói
com inquebráveis invisíveis estruturas.
E fui de costas, de quatro, de peito e de frente para o tal sonho.

Desde pequena gostava de admirar o crepúsculo.
– Mesmo antes de haver em meu repertório
a palavra crepúsculo –
Gostava de reparar na boniteza das pessoas
e de descobrir muita variedade de beleza nelas;
nas vitrines, nas casas, nas flores, nas roupas, nas tardes,
e usava dela para exclamar, em alto e bom som,
meu contentamento com o mundo,
meu descontentamento com o mesmo mundo,
meu espanto com suas novidades diárias

e seus bordéis de cores em tudo.
Por irmandade com ela topei viagens,
fiz trocadilhos na alta filosofia do bom humor
e ainda preservei a doce inquietude
com suspenses
de boas vésperas no peitinho sonhador.
Por causa dela fui suspensa do colégio,
apanhei uma vez de meu pai,
namorei escondido,
levei profundos beliscões de minha avó,
brinquei de carrinho de rolimã, de boneca,
soltei pipa e desobedeci.
Por acreditar nela me casei amando,
tive filho querendo, me separei, mudei de estado,
de profissão, viajei,
me vesti como se fosse carnaval para uso diário, me expus,
falei coisa simples que todo mundo vive mas finge que não.
Pulei muros, regras, fiz bainhas cada vez mais pra cima nas
minhas saias.
Por causa dela lapidei dores,
engoli uns sapos, cuspi rãs, recusei sorrindo e de bom grado
propinas, mordomias e cargos, piscinas e conchavos.
Por ela fiz amigos livres e originais,
iguais a todo mundo e

ao mesmo tempo não parecidos com ninguém.
Agarrada firme à sua mão
criei neologismos, inventei atitude, expressão e moda.
Por ir fundo nela
pintei o sete, fiquei de castigo por fazer arte
e saí do castigo pela mesma arte.
Em seu nome tratei crianças como senhores, escritores,
repentistas, sábios e mentores, criei filho com alegria,
respeito, com sim e não mas sem opressão.
Cantei alto nas ruas urbanas sobre as bicicletas,
assobiei alto dentro dos coletivos, testando a afinação do bico.
Por causa dela me espelhei nos passarinhos,
me repararam muito
e fui chamada de maluca moleca
irresponsável irrotulável puta pagã e poeta.
Por causa dela passei noites procurando o amor,
errando e acertando versos de amor,
e por causa dela o amor me encontrou.
Com ela desfrutei de bonanças,
compreendi e aceitei temporais.
Com ela dei música à minha voz,
fôlego aos meus princípios,
inícios aos meus finais.
Mas foi exatamente ela quem me ensinou a seguir,

enrolada como meus cabelos,
resoluta como o vento,
límpida como a estrada que eu via e vejo,
clara como as palavras que digo e escrevo,
frágil e forte como meus desejos.
Pois, de joelhos estou por ela,
voando estou com ela,
grata que sou a ela.

Porque,
quando tudo parece me faltar,
a Liberdade me dá colo.

2 de fevereiro de 2003

{267}

Índice

Motivos de gratidão   {6}
A fúria de Elisa   {9}
Alguém me perguntou alguma coisa?   {11}
Guia   {15}

I.
A FÚRIA DA BELEZA

Antibélica   {19}
Bandeira   {20}
Instrumento de peito   {22}
Canção para o rei   {24}
Meninos são José   {28}
O Impronunciável   {32}
Maio abril com seus cajás   {34}
Vestido gaúcho   {35}
Ele   {36}
Vaidade   {38}
Boa-tarde, amor   {40}
Pela beleza daquela tarde   {42}

Reza forte   {43}
Poesia   {44}
A fúria da beleza   {45}

II.
A IDENTIDADE DO MAR

Diga-me com quem ondas   {51}
Carta ao meu Adão   {52}
Às dunas   {56}
Camelô dos mares   {58}
Capixabaéchique   {60}
Senhora   {64}
A portaria de Pedro   {65}
A identidade do mar   {66}

III.
AMAR-ELO OURO

Linhagem   {73}
Aliança   {75}
Convite   {76}
A estrada   {78}

{269}

Amar-elo   {79}
Notícias do feminino   {80}
O tao do amor   {81}
Títulos de honra   {82}
Além do harém   {83}
Acordados no sonho   {85}
No escurinho do poema   {86}
Das surpresas essenciais   {87}
Pau feliz   {88}
Registro   {90}
A arte mágica do tempo   {91}
Certezas de uma galinha preta   {92}
Querência   {94}
Eu conto do mato   {96}
Retrato do dia seguinte   {98}
Relicário   {100}
Tat**ame**   {102}

IV.
INFINITO POEMA

Uma lembrancinha do tempo   {109}
"Mas é a cara do Lino!"   {112}

{270}

A casa é sua   {114}
Sobre o batizado   {118}
Vasculhando   {120}
Prosa ou poética   {122}
Manhã azul   {124}
Um disfarce   {125}
E fumo por aí...   {128}
Moita   {129}
De olhos bem lavados   {130}
Flor do Leblon   {131}
Poema infinito   {132}
Considerações diante do banquete   {136}
Tantã   {137}
Avulso   {138}
De braços abertos   {139}
Farol da noite   {143}
Lambe-lambe   {147}
Alvo   {151}
Credo   {152}

V.
PRIMEIRO DESBOTAMENTO

Confesiones desde el camerino   {157}
Dodói   {160}
Herança   {163}
Do inventário da boca   {164}
Pelas benditas frutas   {169}
Susto da sorte   {171}
Oração ao sol de amanhã   {172}
Fui eu   {173}
Só quando for ocaso   {175}
Encomenda   {176}

VI.
SEGUNDO O DESBOTAMENTO

Visita da solidão   {183}
Broken Heart   {184}
Pedido de amor   {185}
Curta-metragem   {187}
Balançando os pratos   {188}
Surra   {189}

Vértice   {190}

É poda!   {191}

Rebanho perdido no paraíso   {193}

Meditação   {195}

Memória de um silêncio eloquente   {196}

Cristal   {197}

Imagem   {198}

Pensamento-noite   {199}

Não quero step   {200}

Purgante   {201}

Minha canção no exílio   {202}

Grito de sussurro   {203}

A casa da ausência   {204}

Meu reino por esta noite na fazenda   {205}

Foragido   {206}

Eis amor   {209}

VII.

VIDA-ATELIÊ

(acabamentos e restaurações no barro da gente)

Vida-ateliê   {215}

A conta do sonho   {221}

Boi tenho   {222}

O nome do tesouro   {225}
Acabamentos e restaurações no barro da gente   {228}
Canção pra João   {231}
Noite cã   {233}
Só as cachorras   {236}
Dose de oásis   {238}
O destino do presente   {240}
Suicidas invisíveis   {241}
Em face da face roubada   {245}
O maior espetáculo da Terra   {246}
Criador e criatura   {253}
Às escadarias   {255}
Mar adentro   {258}
Explicação   {259}
Deus, modalidades   {261}
Dindinha   {262}

Este livro foi composto nas tipologias Garamond e Aquiline
e impresso em papel Off-White 80gm^2, no Sistema Digital
Instant Duplex da Divisão Gráfica da Distribuidora Record.